教養として知っておきたい

池上彰の現代史

池上彰のニュース
そうだったのか!!
テレビ朝日系全国ネット　毎週土曜よる放送中

SB Creative

はじめに――

「なぜニュースなのか」。その背景を知る楽しさを味わってほしい

いつもニュースになるけれど、なぜニュースになるのか、わからない。そんなことがあるのではないでしょうか。

なぜニュースなのか。それは、少し前の歴史をさかのぼることで理解できることが多いのです。ニュースなのか。つまり現代史を知ればいいのです。

残念ながら、日本の学校教育では現代史を学ぶチャンスが少ないのが現実です。日本史も世界史も、古代のことは丁寧に扱うのに、第二次世界大戦前後のあたりで時間切れになってしまい、先生が「後は教科書を読んでおくように」と言い渡して終わり、ということが多いからです。

現代史は入学試験でもあまり出題されないため、結局、教科書を読むこともないまま卒業・進学し、社会人になってしまったという人も多いのではないでしょうか。

そこで、私が出演しているテレビ朝日系列の「池上彰のニュースそうだったのか!!」では、現在起きているニュースの歴史的背景を解説することが多くなっています。この本に収録された内容も、それらをまとめたものです。

たとえば田中角栄ブーム。なぜ彼を取り上げた本が続々と出版されているのでしょうか。そこには、デフレが長く続き、閉塞感《へいそく》に悩んでいる人が多いという現実があります。田中角栄総理の時代、日本経済は高度成長の最中でした。高速道路ができ、新幹線の計画が次々に生まれていく。日本がみるみる豊かになっていく、という実感を得た人が多かったのです。

そのとき政府の指揮を執《と》ったのが田中角栄でした。人の気持ちを汲《く》み取る天才であり、たぐいまれなる決断力がありました。

閉塞感に悩む人たちは、「いま角栄がいてくれたら」と夢想するのです。それがブームの背景です。

しかし、彼が「金権政治家」として批判されたのも事実です。彼の経営手法が問題になったことで、「政治と金」の問題が起きないように法制度の整備が進んだという現実もあります。そんな人物の丸ごとを理解する。それは日本の現代史を知ることにもなるのです。

世界の現代史といえば、すぐに出てくる言葉が「東西冷戦」です。世界が東と西に分かれ、厳しく対立。核開発競争が起きました。東西冷戦が終わっても、アメリカとロシアはことあるごとに対立します。冷戦の傷痕《きずあと》は、いまも残っているのです。

日本とロシアの間の北方領土問題が解決しないのも、東西冷戦が影を落としています。日本に自衛隊が生まれたのも、東西冷戦があったからです。

日本の現代史では、バブルとその崩壊がよく話題になります。バブルを経験した人は、「あの頃は良かった」といいますが、バブル崩壊で大変な目にあった人は、思い出したくもないでしょう。

では、なぜバブルが生まれ、どんなきっかけで破裂したのでしょうか。

ひとつひとつのニュースは点でしかありませんが、視点を世界に広げることで、それは線になります。さらに歴史から見ることで、面に拡大していきます。地理から歴史から見ることで、点だったニュースが面の一部として理解できるようになるのです。

そんな楽しさを知ってほしい。私はいつもそんな思いでテレビに出演しています。あなたも、まずはこの本を手始めに、そんな楽しさを味わってください。

2017年1月

ジャーナリスト　**池上　彰**

教養として知っておきたい 池上彰の現代史 もくじ

Part2

そうだったのか‼　東西冷戦

―世界に多大な影響を与えた東西冷戦。どうやって始まり、どう終わった？―

Part3

そうだったのか‼ バブル崩壊・リーマンショック

―「バブル以来の○○」「リーマンショック以来の○○」。枕詞にもなる「バブル」や「リーマンショック」って、いったい何？―

Part4

そうだったのか!! 北方領土問題

—日本とソ連、ロシアの間に、領土をめぐって何があったか？　基礎から知ろう—

Part5 そうだったのか!! 自衛隊
―どうやったら自衛隊員になれるの？ いったい何人くらいいるの？―

Part6 そうだったのか!! 北朝鮮の核・ミサイル開発
―核実験に、頻発するミサイル発射。なぜやめさせられない？―

Part 1

そうだった のか!!

田中角栄

―今、注目される田中角栄元総理。
そもそも何をした？―

日本人として知っておきたい田中角栄のこと

ここ1、2年、田《た》中《なか》角《かく》栄《えい》元総理に関する本が大ブーム。中には90万部を超えるものも。亡くなって23年、特に節目というわけでもないのに、いったいなぜなのか？　そもそも田中角栄ってどんな人物で何をした人か、あなたはご存じですか。
政治家の中でも特にインパクトが強かった田中角栄元総理。今も注目されるそのワケとは？　今の政治家とどこが違う？　7つのやったことを見ていくと、今の日本が見えてくる!?

田中角栄の理解度チェック

★★★★★

まずは基本問題から

日中国交正常化

Q 田中元総理が成しとげた1972年の日中国交正常化。この時、中国から贈られた動物は？

① ゾウ　② パンダ　③ ヒグマ

A

② パンダ

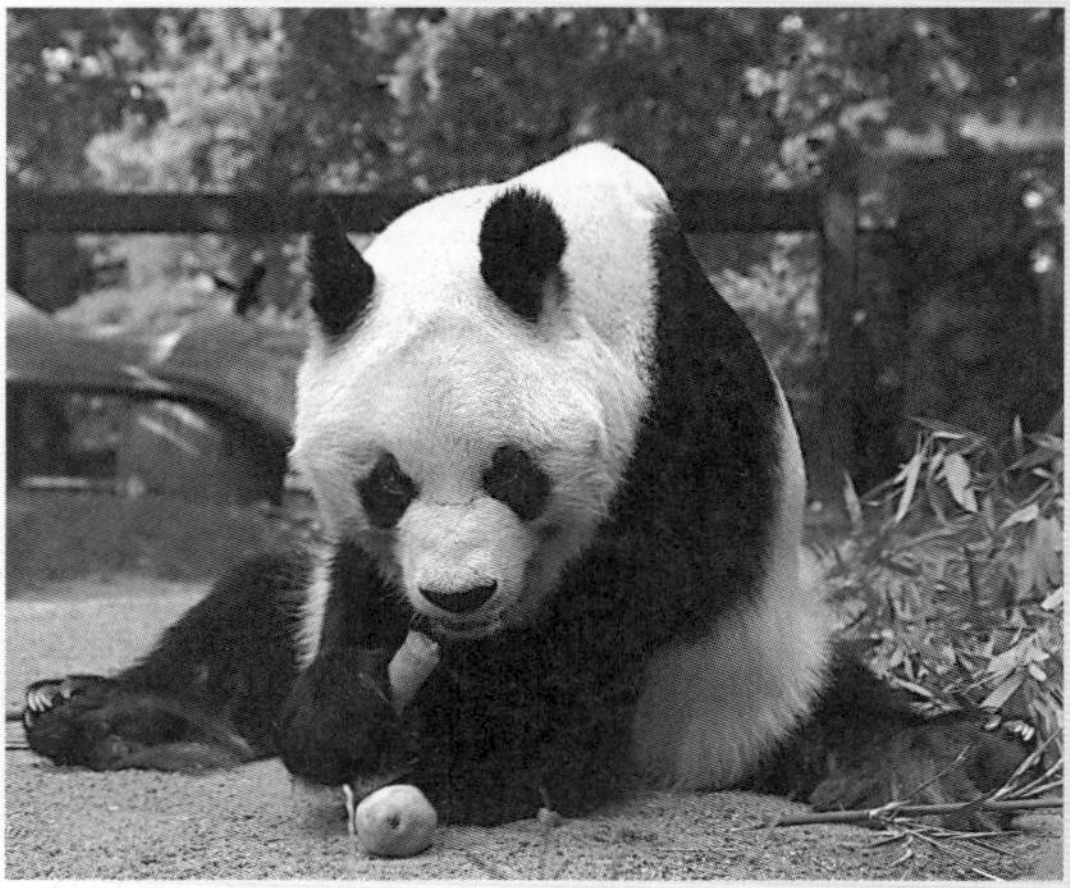

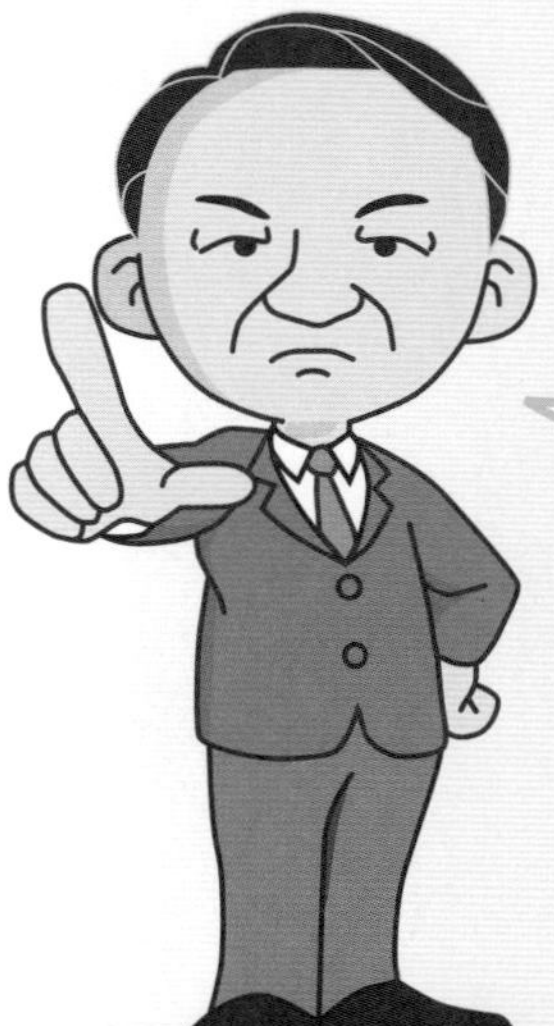

2頭のジャイアントパンダ、ランラン（メス）とカンカン（オス）は全国に「パンダブーム」を巻き起こしました。

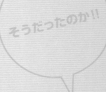

田中角栄の理解度チェック

★★★★★

三択です

型破りな庶民派宰相《さいしょう》

Q 田中元総理は、ある戦国武将になぞらえて「今太閤《いまたいこう》」と呼ばれました。その武将は誰？

① 織田信長　② 豊臣秀吉　③ 徳川家康

A

② 豊臣秀吉

足軽《あしがる》の子から天下の覇者となったのが太閤・豊臣秀吉。学歴もなく、苦労して総理大臣に上り詰めたところが、似ていると考えられたのですね。

田中角栄の理解度チェック

★★★★★

少し難しいかも

壮大なビジョン

Q 日本列島に張り巡らされた新幹線や高速道路。これは田中元総理の構想に基づくもの。何という構想？

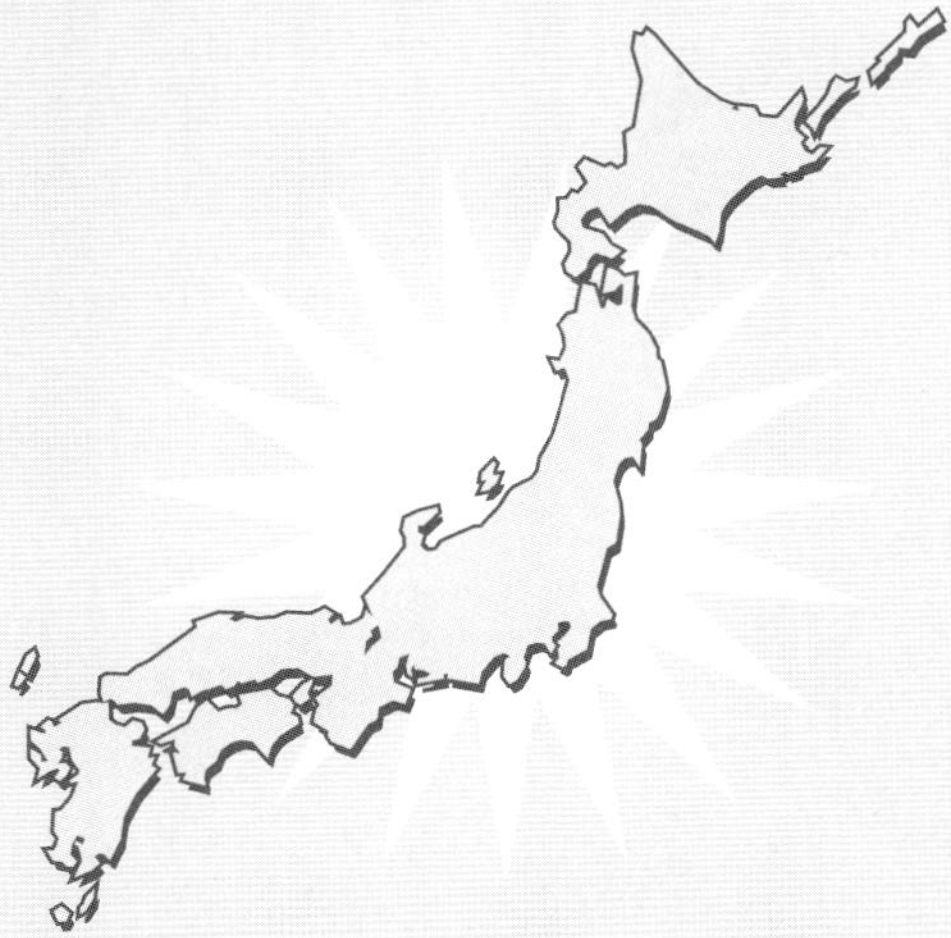

A
日本列島改造論

日本列島改造論

共同通信

1972年6月に出版された田中角栄著『日本列島改造論』は大変な反響を呼び、ベストセラーになりました。
そうだったのか!!

田中角栄の理解度チェック

★★★★★

光と影、功と罪

金権政治

Q 総理大臣を辞めた後に発覚したのがロッキード事件。ところで、ロッキードってどんな会社？

① 銀行　② 新聞社　③ 航空機メーカー

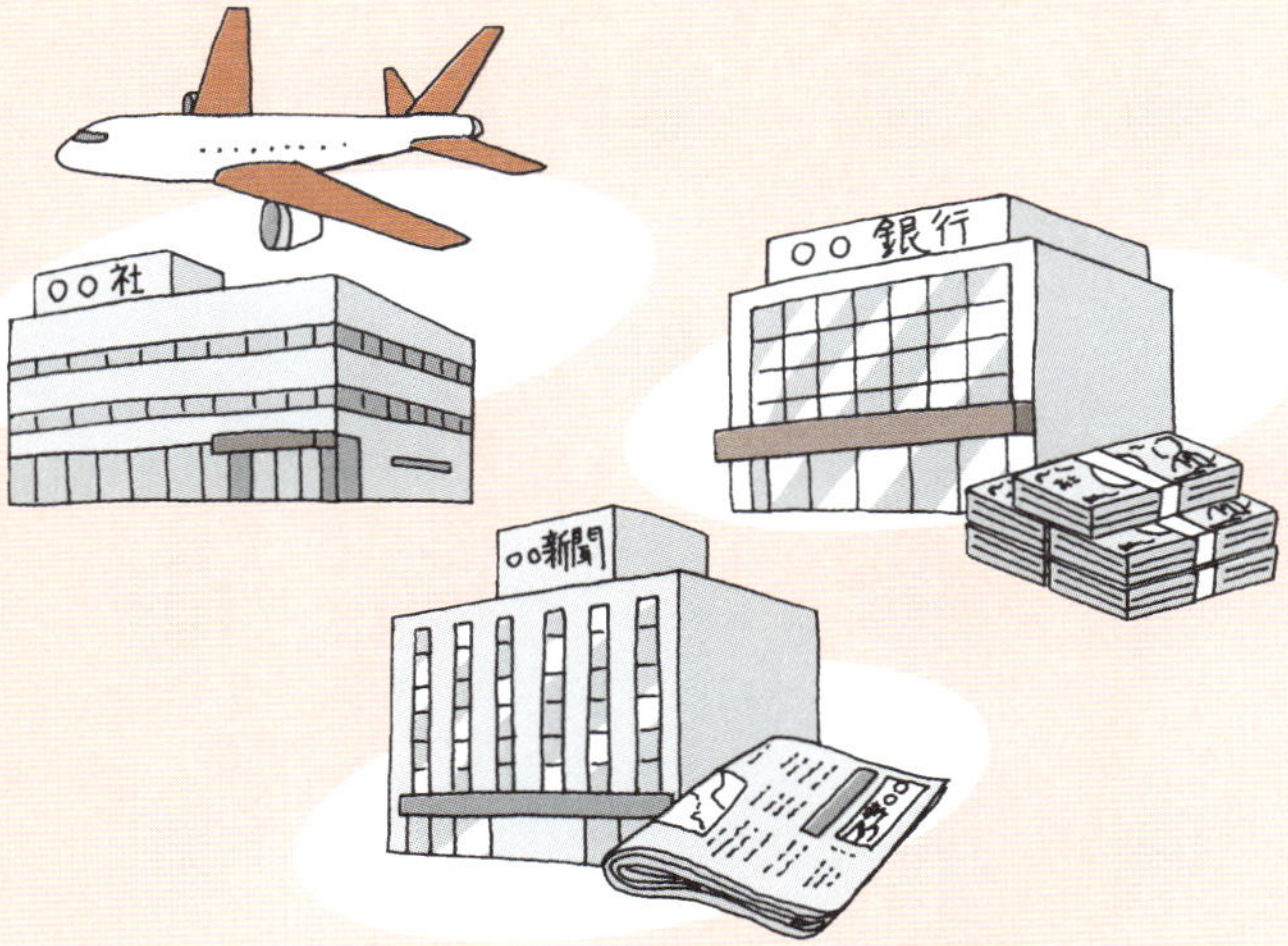

A

③ 航空機メーカー

○○社

ロッキード社は「トライスター」という旅客機を日本に売り込もうとして不正なお金をばらまいたといわれています。
そうだったのか!!

おさらい

- どうやって総理大臣にまで上り詰めた？ 詳しくは P.24
- 日本列島改造論の光と影 詳しくは P.29
- 日本でパンダが見られるようになったワケ 詳しくは P.43
- 戦後最大の汚職、ロッキード事件とは？ 詳しくは P.52

チェック項目から、田中角栄がどんな人物で何をしたか、人気の理由は何かがわかる！

田中角栄元総理の関連本

共同通信

田中角栄元総理の関連本が大ブーム

田中角栄元総理が亡くなって23年、総理大臣を退いてから42年経ちました。今、関連本がブームになっています。それにはどんな理由があるのでしょうか。

たとえば、経済がなかなかデフレから脱却できない、あるいは日中関係が悪化している。そういう閉塞《へいそく》感が出てくると、「田中角栄だったら何かやってくれるんじゃないか」ということで、注目されるということがあります。ブームの背景には、期待感の高まりや待望論があるのです。

そもそもどんな人物で何をした人？

それを裏付けるような新聞記事がありました。朝日新聞が「戦後日本を代表する人

戦後日本を代表する人物は？

1位	田中　角栄	6位	美空ひばり
2位	吉田　茂	7位	長嶋　茂雄
3位	小泉純一郎	8位	昭和天皇
4位	佐藤　栄作	9位	本田宗一郎
5位	松下幸之助	10位	湯川　秀樹

（敬称略）

朝日新聞　2015年4月18日

田中角栄・７つのやったこと

地元への思いが
学歴はないけど
総理大臣に

今も進行中!
日本全国の
高速交通網を考えた

アレもコレもそう!
議員で一番
法律を作った

○○を使って
人脈を上手に
利用した

田中角栄が
いたから中国から
パンダが来た!

マスコミを
上手に利用!
テレビ局も多く作った

総理大臣時代の
ワイロの問題で
歴史的大事件に!!

物は？」というアンケート調査を行ったところ、1位が田中角栄、2位が吉田《よしだ》茂《しげる》でした。吉田茂元総理といえば、サンフランシスコ講和条約を結んで、戦後の日本をつくったともいえる人物です。その人よりも上にきています。

3位以下も戦後のさまざまな分野を代表する方が名を連ねるランキングで、トップに挙げられた田中角栄元総理。いったい田中角栄とは、どんな人物で何をした人なのか。ここでは「7つのやったこと」を見ていくことで、その全体像に迫ります。

田中角栄がやったこと① 学歴はないけど総理大臣に

次のページに挙げたのは、田中角栄元総理の簡単なプロフィールです。今の政治家とどこが違うのか考えながら見てください。

新潟県の生まれで、尋常高等小学校卒とありますね。昔は尋常小学校があって、その上に高等小学校がありました。現在のイメージでいうと中学校です。

東京では、住み込みで働きながら夜間の専門学校に通いました。そこで土木を学んでいます。ということは、高校も大学も出ていないわけです。

この頃は、大学に行くのはほんの一握りのエリートだけ。一般の人は大学なんて考えたこともない時代です。ところが、そういう時代でも、政治家を目指すのなら大学に入るのが一般的でした。

戦争が終わった直後の1947年、中卒の学歴しかないのに28歳で衆院議員に

今の政治家とは違うプロフィール

田中角栄 元総理

1918年（大正7年）～1993年（平成5年）

二田《ふただ》尋常高等小学校 卒業
上京後、中央工学校 卒業

1947年（昭和22年）28歳で初当選

郵政、大蔵、通産の各大臣を歴任し
1972年（昭和47年）54歳で総理大臣に

当選。そこから当選回数を重ね、郵政大臣、大蔵大臣、通産大臣を務めた後、当時の戦後最年少だった54歳で総理大臣にまで上り詰めました。こういった異色の経歴から、豊臣秀吉になぞらえて「今太閤」と呼ばれたり、あるいは「庶民派宰相」と呼ばれたりしたのです。

ちょっと意外なのですが、総理大臣としての在任期間は2年半（1972年7月～74年12月）です。わずか2年半しか務めていません。それなのに今も多くの人の記憶に残っていて、待望論が出ているというわけです。

高校も大学も出ていない田中角栄には、特別な人脈は何もありませんでした。では、学歴がないにもかかわらず、どうやって総理大臣にまで上り詰めることができたのか。

行動力で大物に取り入った

国会議員になったとき、すでに社会人生活は10年以上でした。その中でこんな思いを持っていたといいます。

「偉くなるには、まず大将の懐《ふところ》に入り込むことだ」

そこで角栄は、ある大物に取り入ろうとしました。ある大物について、顔は知っていましたが深い関わりはなかったそうです。

その大物とは誰だと思いますか？　何を隠そう時の総理大臣、吉田茂です。角栄は吉田茂行きつけの料亭を突き止め、まず女将《おかみ》と仲良くなるために料亭に通い詰めました。もしかしたら、こんなやり取りがあったのかもしれません。

角栄「女将さん。先生とお近づきになりたいので、なんとかお願いできませんか」
女将「お話ししてみるわ」
角栄「お願いします！」

女将は吉田茂に、それとなく角栄のことを話してくれたそうです。

女将「若いんだけど、なかなか面白くて、気風のいい人がいるのよ」
吉田「ほほう。どんなやつだ」

大物の懐に潜り込んだ

吉田茂 総理(当時)

共同通信

女将「興味があるなら、今度紹介するわ」
吉田「そうだなあ」

こうして吉田茂の懐に潜《もぐ》り込んだ田中角栄は、吉田門下生としてメキメキ頭角《とうかく》を現していきます。この行動力こそ総理大臣まで上り詰めた要因のひとつでした。

実は、当時の有力政治家といわれる人たちは、毎晩のように料亭に行っていました。それぞれの行きつけの料亭は、調べればすぐわかるのです。ふだんはなかなか近づけない大物にも、行きつけの料亭の中でなら会ってもらえるかもしれない。たぶん角栄はそう考えたのでしょう。

もう一つ、その当時は新しい政党ができたり分裂したりで、政局が非常に流動的でした。その動きの中に生きのいい若手が入ると、上にのし上がるチャンスも多かったということです。

料亭政治が当たり前の時代

料亭の従業員も仲間に

さらに、田中角栄元総理の行動力を表すこんなエピソードもあります。

料亭でいろいろな人と会食したりお酒を飲んだりしたとき、秘書が仲居《なかい》さんに必ず心付けを渡すのです。下足番《げそくばん》の人にも同じように渡します。

名目は、とりあえずのお礼。自分のためにいろいろやってくれてありがとうということですが、受け取った人がビックリするような金額だったといわれています。

当時は料亭政治が当たり前の時代でした。新聞記者たちは料亭の前に張り込んでいて、今日は誰が来たのか、どんな話だったのかというようなことを、仲居さんや下足番から聞きだそうとします。当然、彼らは田中角栄を守ろうとします。一切、秘密は漏《も》らさないわけです。

田中角栄がやったこと② 今も進行中！ 日本全国の高速交通網を考えた

北海道新幹線が開業したのが2016年3月。これで新幹線が函館《はこだて》まで延びました。北陸新幹線も、長野と金沢の間がつながりました。こうやって新幹線が全国に延びています。

高速道路もどんどん延びています。このネットワークはすべて田中角栄元総理の構想に基づいています。

それが「日本列島改造論」。聞いたことのある人も多いと思いますが、どんな狙《ねら》いがあったのでしょうか。

東京一極集中が進んでいくと地方はすたれてしまいます。そういうことがないように、全国に人口30万〜40万人ぐらいの中核都市をいくつもつくり、その間を高速鉄道網、あるいは高速自動車網で結んで、日本列島全体がバランスよく、調和のとれた発展を遂《と》げられるようにしたい。これが日本列島改造論の狙いです。

今なら当たり前じゃないかと思う人がいるかもしれませんが、当時はまだ東海道新幹線しかありませんでした。山陽新幹線ができて大阪と岡山がつながったのが、田中内閣誕生の年の1972年です。そんな時代に、新幹線を九州や北海道まで延ばすんだ、全国ネットワークにするんだとぶち上げたので、みんなビックリしたわけです。

日本列島がバランスよく発展できるよう、全国に中核都市を作った

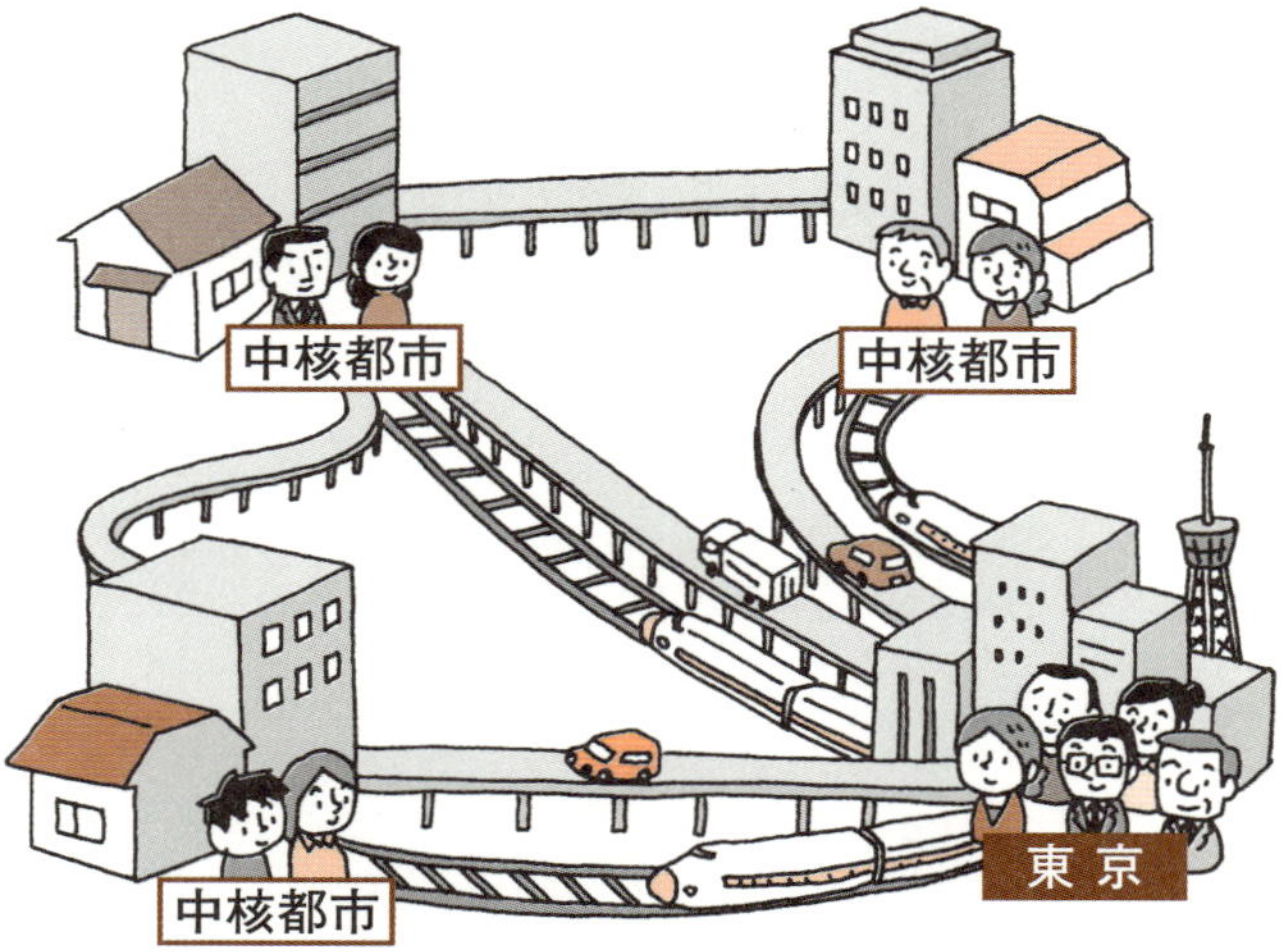

北陸新幹線は現在、福井を通って大阪まで行く計画が進んでいます。これも当時作られたプランがあって、それが今、形になっているということです。

次のページの図を見てください。日本列島改造論で計画された新幹線網と現在の新幹線を比べてみました。多くが当時の計画に基づいていることがわかります。

地元新潟への思いが日本を変えた!?

この日本列島改造論の裏には、新潟出身ならではの思いがありました。

新潟は豪雪地帯です。冬、雪が降ると、急病人が出ても救急車が来られません。道路に雪が積もって車が通れず、それで手遅れになってしまう。そういうことがあるので、なんとか新潟を活性化したい。新潟を発展させたい。だけど、新潟だけというこ

新幹線の多くが当時の計画に基づいている

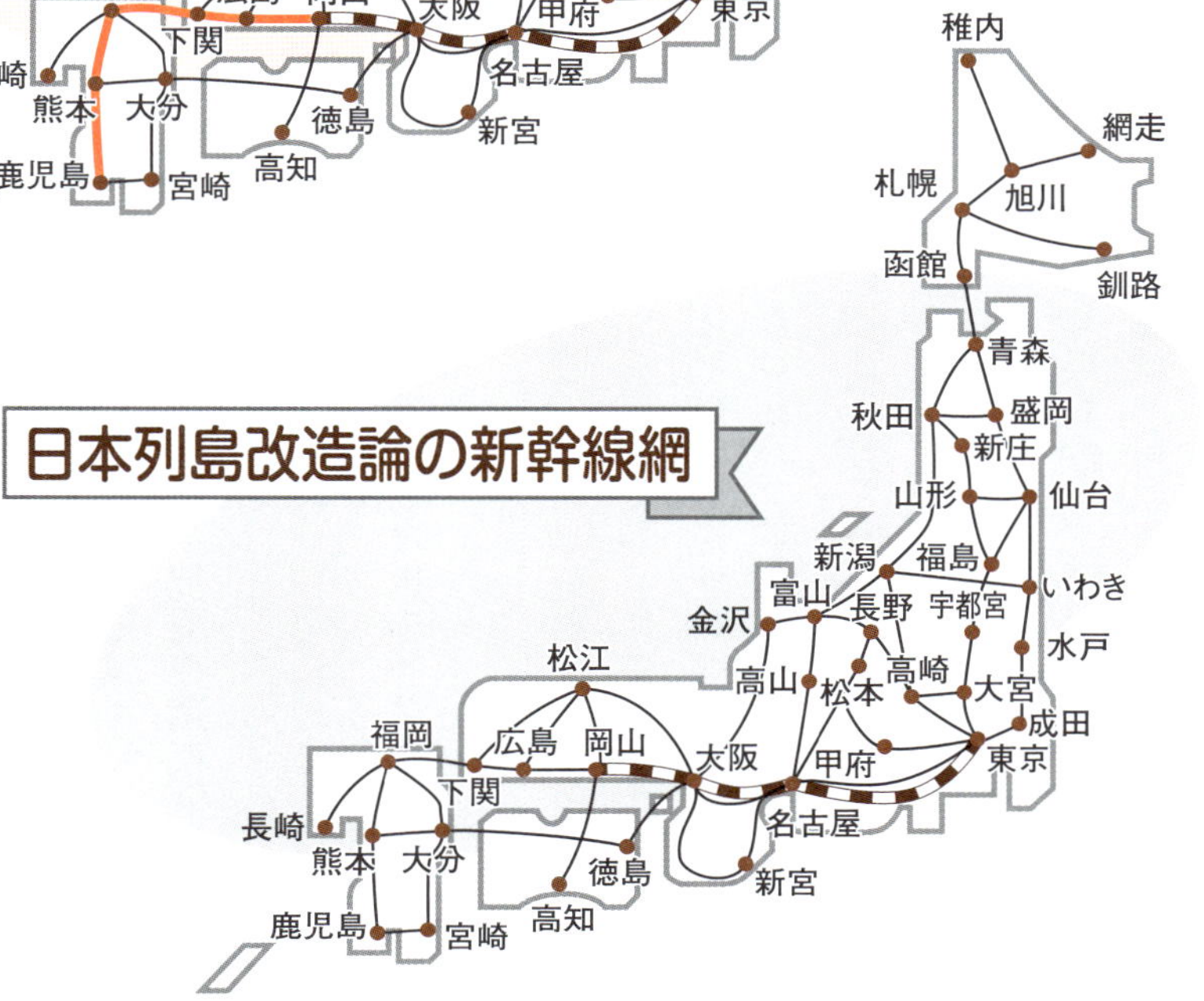

若い頃の演説にみる新潟への熱い思い

佐渡島
三国峠
新潟の雪を
なくすためにどうするか
三国峠の山を削って平らにする
土は海に埋めて
佐渡と陸続きにすればいい

とになるとえこひいきになります。それならば、地域特有の事情で発展が遅れているところは全国にあるのだから、そういうところも等しく発展できるようにすればいい。そんな思いから日本列島改造論は生まれました。

とりわけ新潟への熱い思いは、選挙のときの演説から読み取ることができます。

「新潟の雪をなくすためにどうするか。三《み》国《くに》峠の山を削って平らにする。土は海に埋めて佐渡と陸続きにすればいい」

若い頃の演説に出てくる内容です。

新潟県と群馬県の境にあるのが三国峠。ここは山岳地帯になっていて、日本海からの湿った空気がここにぶつかって新潟に大雪を降らせます。そして関東地方はからりと晴れている。三国峠を崩せば、そもそも

先見の明があった、日本列島改造論

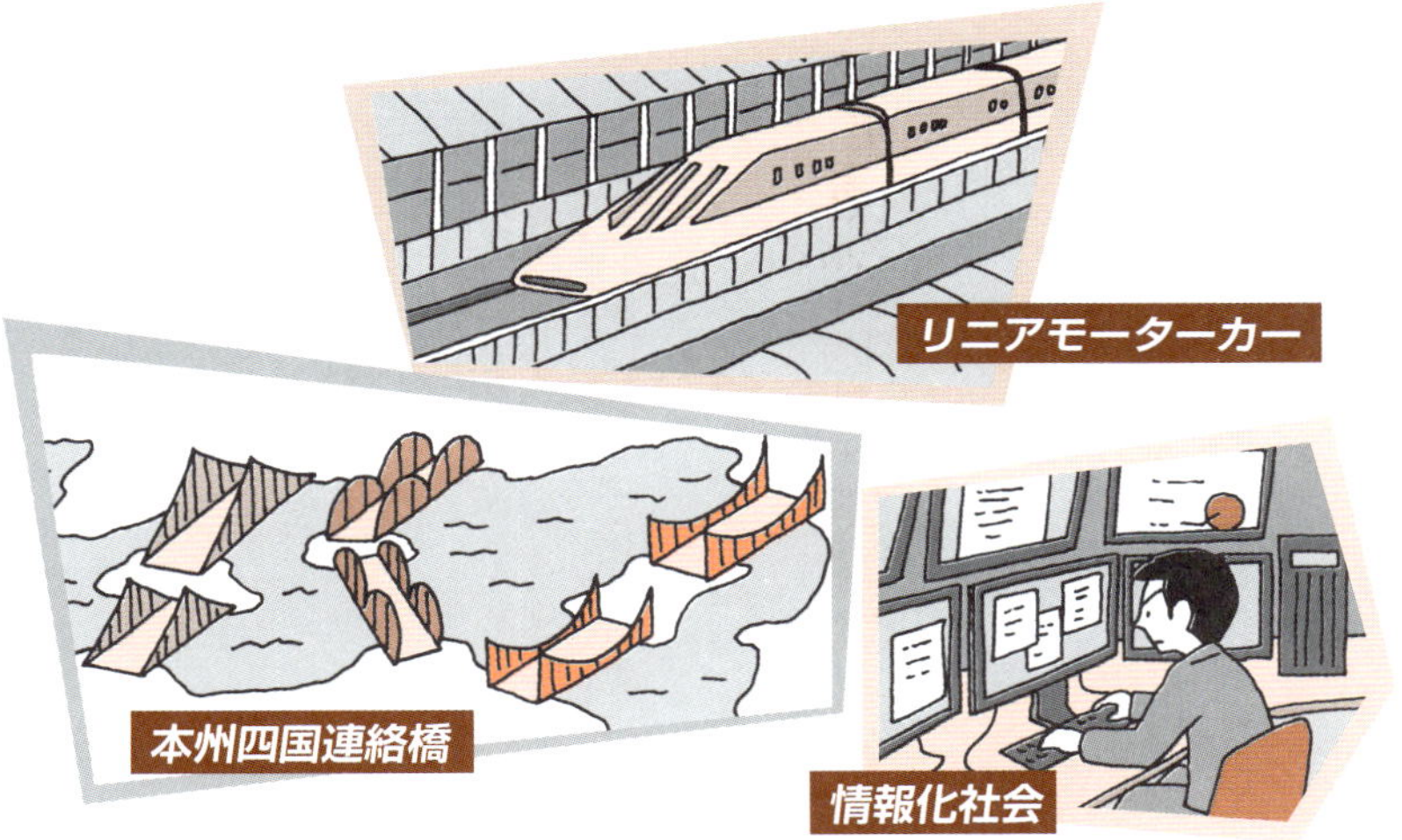

新潟には雪が降らなくなる。そうなったら、もう豪雪に苦しむこともない。山を崩した土砂は海に埋めて佐渡と陸続きにしてしまえばいい。そういうことを言っています。

豪快ですね。このように常に地元新潟のことを思い、地元新潟が発展するにはどうしたらいいか考えていました。それを日本全体に広げたもの、それが日本列島改造論だといわれています。

地価高騰でインフレを招く

日本列島改造論は今の日本を先取りしていました。

「リニアモーターカーの実用化に取り組め」
「本州四国連絡橋を造れ」
「情報化社会に備えよ」

1972年に出た本に既にこういうことが書かれていました。先見の明があったのです。

しかし、いいことばかりではありませんでした。

建設業者や開発業者にとっては、どこに道路を造るのか、新幹線はどこを通るのかという情報は、とても重要です。みんな競って『日本列島改造論』の本を買い求め、候補にあがった地域の土地を買いあさりました。

それによって地方の土地の値段が急激に上昇。これでインフレになり、狂乱物価をもたらすきっかけにもなったのです。

田中角栄がやったこと③
アレもこれもそう！ 議員で一番法律を作った

法律は内閣が提案して作るケースが多いのですが、国会議員も自分で作ることができます。これが議員立法です。議員立法の数は少なく、現在では国会議員の5人に1人しか提案していないといわれています。

田中角栄元総理は国会議員として33の法律を作りました。間接的に関与したものも含めると、約120にもなります。これだけ多くの法律を手がけた政治家はこれまでいません。

どんな法律を作ったのか見てみましょう。

東京タワーが高いのはこの人のおかげ？

1964年の新潟地震で日本は、地震の揺れで突然、地下水が噴き出すなどし

多くの法律に関わった

新潟地震
(1964年)

共同通信

地震保険が
必要だな

地震保険法

東京タワー

展望台を備えたテレビ塔は
建築基準法の高さ制限に
抵触する

建設がストップ

解釈を変えれば
問題ない

建設が再開

て地盤が緩《ゆる》くなる現象、いわゆる液状化現象を初めて経験しました。このせいで鉄筋コンクリート製の集合住宅がパタッと倒れるという被害が出ました。

当時、大蔵大臣だった田中角栄は、現地を視察して地震保険が必要だと考えたといいます。今では当たり前の地震保険も、この頃はまだなかったのです。これがきっかけとなって2年後の1966年に地震保険に関する法律（地震保険法）ができました。

実は、東京タワーの誕生にも関係しています。東京タワーの建築が始まった後、展望台を備えたテレビ塔は建築基準法の高さ制限に抵触《ていしょく》するということでストップがかかりました。その時に田中角栄が何と言ったか。彼は建築基準法の制定に携《たずさ》わっていましたから、こう言いました。

「あれは高さ制限に該当する建築物ではない。煙突《えんとつ》や広告塔と同じ工作物に過ぎないと解釈すればよい」

これで建築工事が再開されて東京タワーは無事、完成しました。法律作りに関わっているので、こういうふうに解釈すれば問題ないということが、本人にはよくわかったということでしょう。

現代の原発問題の引き金を引いた？

さらに、車を利用する人からガソリン税という税金を取り、それを道路の工事や管理に使う道路特定財源という仕組みを作りました。

原発を置いた自治体に交付金

産業の少ない地域に原子力発電所を造って、その自治体には交付金を支払うという仕組みも作っています。現代の原発問題の引き金を引いたともいえますが、いずれにせよ、今につながる多くの法律を作った人だったのです。

田中角栄がやったこと④ ○○を使って人脈を上手に利用した

田中角栄元総理の人心掌握《しょうあく》術は絶妙だったといわれています。どうやって人の心をつかんだのか、次にそれを見ましょう。

大臣として仕事をするとき、官僚と仲良くならなければ、なかなか自分のやりたいことはできません。そこで大臣時代の角栄は、たとえば打ち合わせの後、こんなことをしていました。

（大臣室を出ようとする官僚を呼び止めて）

角栄「青木君」
官僚「はい」
秘書「先生からです」
官僚「何ですか、これは?」
角栄「今日は誕生日だろ。家族と一緒に広島（地元）のうまいもんでも食ったらいい」

なんと、封筒に入っていたのは現金でした。

官僚「いやいや、受け取れませんよ」
角栄「君に渡すんじゃないよ。君の奥さんにあげるんだよ」
官僚「……」
角栄「うん」

角栄は官僚の名前はもちろん、誕生日や出身地などを暗記していたといわれ、お金やプレゼントなどを贈っていたといいます。大蔵大臣（現・財務大臣）になったときは、大蔵省（現・財務省）の主だった役人全員に高級なネクタイを贈ったとか。

あだ名は「コンピューター付きブルドーザー」

さらに、官僚たちとの会議ではこんなやり取りが行われていました。

官僚「大臣、通産省の予算の件ですが……」
角栄「通産省には一昨年432億、去年は510億出しているんだ。今年は600億ぐらいでいいだろう」
官僚「けっこう強い要望が来ていますが、大丈夫でしょうか」
角栄「オレが大臣に直接掛け合ってやる。大丈夫だ」
官僚「ありがとうございます」

事細かな数字も覚えていて実行力もズバ抜けていたことから、ついた異名が「コンピューター付きブルドーザー」。

こうして官僚を味方につけ、自分が行いたい政策を実行していきました。

官僚にとってとりわけ大事なのは入省年次です。第○期に入省したかによって上下関係が決まってくるからです。角栄はそういうこともちゃんと調べて頭に入れていました。官僚にしてみれば、「君は何期入省だったな」と言われると、おお、自分のことをよく知ってるなということで悪い気はしませんよね。こうなると、官僚の方も「角さん」と言って頼りにするようになります。自然と支えるよ

うになるわけです。

伝説のスピーチで官僚の心をわしづかみに

話術にも優れていたのは有名です。大蔵大臣に就任すると、伝説のスピーチで官僚の心をわしづかみにしました。

情景を思い浮かべてみてください。大蔵省の官僚たちがずらりと並んでいます。みんな東京大学法学部を1番、2番で出ている人ばかり。そこに尋常高等小学校しか出ていない人が来るのです。さあ、そこで何とスピーチしたのでしょうか。

「私が田中角栄だ。ご承知の通り、小学校高等科卒だ。諸君は天下の秀才揃《ぞろ》いで、財政のエキスパートだ。（中略）できることはやる、できないことはやらない。責任はこの田中角栄が持つ。以上」

どうですか。「責任は自分がとるから、君たちは思う存分やれ」と言われたら、みんな「この大臣のために」と思って精いっぱい仕事をしますよね。

「うちの上司に聞かせてやりたい」と思った人もきっといることでしょう。

頼みごとは断らないのが信条

心をつかんだ相手は官僚だけではありません。国会議員の出身地や誕生日も覚

国会便覧を暗記していた

発行：
シュハリ・イニシアティブ

えていたといいます。そこには、こんな本の存在がありました。

常に手放さなかったのが『国会便覧』です。これを見ると、衆議院議員と参議院議員全員の顔写真や経歴が出ています。たとえば「安《あ》倍《べ》晋三《しんぞう》」のところには、山口県4区選出とあり、年齢はもちろん、経歴、当選回数、誕生日も書いてあります。夜寝る前などにこれを見て、暗記していたともいわれています。

さらに、お金にまつわる話でこんなこともあったそうです。

大臣を歴任し、実力者として君臨していた頃、ある若手議員が思い詰めた表情で訪ねてきました。

若手「先生、100万円、貸していただけないでしょうか」

秘書「ちょっと先生に失礼じゃないですか。ねえ、先生……」

角栄「いやいや、まあまあ……。わかった、あとで秘書に届けさせるよ」

そして数日後。

秘書「先生からです」

若手「ありがとうございます」

秘書が渡した封筒の中には予想外の大金が。

若手「えっ、300万?」

封筒にはこんな手紙が添えられていました。

「一、まず百万でケリをつけろ。二、次の百万で迷惑をかけた人にうまいものを食わせてやれ。三、最後の百万は、万が一の場合に備えてとっておけ。返済は無用」

「先生……」

この議員は忠誠を誓い、角栄の派閥を一生離れなかったそうです。

頼みごとは断らない。それも人の心をつかんで放さないコツだったのです。

お金を集める方法も上手だった!?

こうやって見てくると、気になるのはお金の出どころです。

実は、お金を集めるのもとても上手でした。

田中角栄を支援する政治団体や地元の後援会は角栄信者の人たちばかりですから、みんなでお金を集めて、それを東京・目白の田中邸まで届けます。届けて、「先生、どうぞこれをお使いください」と言って渡します。そうすると、そのうちの一部をポッと抜いて、持ってきた人に「ご苦労であった」と言って渡すのです。

これでみんな、ますますお金集めに励むようになり、どんどんお金が集まってくるというわけです。

政治とお金については政治資金規正法という法律があります。政治資金の収支の報告などを義務づけていますが、今でもザル法といわれていて、当時はそれに輪をかけてとんでもないザル法でした。こんなことが白昼行われていても、全く問題とされなかった時代です。

田中角栄がやったこと⑤ 日中国交正常化で日本にパンダが来た!

田中内閣が発足したのが1972年7月。その年9月に田中角栄総理は中国を

日中国交正常化が実現した

1972年9月 **日中国交正常化**

共同通信

国交正常化の記念として、中国から寄贈

訪問し、周恩来《しゅうおんらい》首相と北京で会談しました。それまで中国とは正式な国交がなかったのですが、この会談で国交正常化が実現しました。その後、78年に日中平和友好条約が結ばれ、日中関係は発展の軌道に乗ります。その道筋を作ったのが田中角栄でした。

中国からは国交正常化の記念に2頭のパンダが贈られ、ランラン・カンカン見たさに上野動物園には長蛇《ちょうだ》の列ができました。

日中国交正常化のウラ事情とは?

総理大臣になって真っ先に手がけたのが日中国交正常化です。どうしてそんなに一生懸命やったのか。その裏にはこんなことがあったのではないか、という見方があります。

ズバリ、自民党総裁選に勝つためです。

自民党の中にはいろいろな派閥があり、田中派という一つの派閥だけでは、党総裁選挙で過半数の票を取れません。当時は三木《みき》派や大平《おおひら》派が日中国交正常化をすべきだと考えていて、日中国交正常化をやるぞと言えば、三木派や大平派の人たちも「じゃあ、田中さんを総理大臣にしよう」と言って味方につけることができます。そういう計算があったのではないかともいわれています。

あるいは、彼は当時、こういうことを言ったそうです。

「8億人にタオルを1本ずつ売っただけで8億本売れる」

自民党総裁選に勝つために、他の派閥を味方につける

共同通信

中国の人口が約8億人だった頃です。これから中国はマーケットになる。そこまで見通していたとも考えられます。

もう一つ、国際的な背景として、1971年に突如アメリカが中国に接近する動きを見せ、72年2月にはニクソン米大統領が北京を訪問しました。これを受けて、日本国内でも国交を正常化しようという世論が高まっていたことも大きいといわれています。

このようにさまざまな理由で日中国交正常化が行われ、パンダが日本で見られるようになったのです。

田中角栄がやったこと⑥ マスコミを上手に利用! テレビ局も多く作った

郵政大臣時代（1957〜58）には、日本全国にテレビ局を増やしています。

当時はテレビ放送が始まってまだ数年とい

う頃でした。全国各地にテレビ局を作りたいという会社がたくさんあり、何百という会社から免許の申請がきていました。それを交通整理したのが田中大臣です。「こことここで一つにまとめて、カネを出して作ればいいだろう」と言って、ポンポンポンと全国に放送局を作っていきました。

自分のテレビ番組を持っていたって本当なの？

現在では考えられないことですが、大蔵大臣時代（1962〜65）には、自分の番組を持っていました。

テレビ番組欄を拡大してみましょう（次ページ）。「ふところ放談　田中角栄」とあります。大蔵大臣ですから、皆さんのふところのことを考えるという番組で、毎週木曜日の夜11時からやっていました。

どんないい話をしても、結局は自民党のＰＲ、あるいは自身のＰＲになるというので国会で問題になり、半年の放送予定が3カ月で打ち切りになっています。

マスコミを味方につけた

マスコミとの付き合い方も、それまでの政治家とはずいぶん違っていました。こんなエピソードがあります。

おなじみのヨッと手を挙げるシーン。右手を挙げる、田中角栄を象徴するポーズです。マスコミから批判されるようなことがあったときに、側近が「なんでマ

自分の番組「ふところ放談 田中角栄」

読売新聞 1965年2月18日

スコミから批判されているのに、マスコミに向かって手を挙げてやらなきゃいけないんだ」と文句を言ったそうです。

その時、彼はこう答えたそうです。

「カメラの連中も好き好んで来ているんじゃない。オレの写真が撮れないのでは連中も商売にならんだろう。いいじゃないか、手を挙げてやっても」

マスコミは批判するのが仕事、政治家は何を言われてもそれを受け止めるという考え方でした。

マスコミにちゃんと対応していたことを物語る1枚の写真がこちら（49ページ下）です。不思議な写真だと思いませんか？

スーツを着て、靴下をはいて、それでいて下駄《げた》履《ば》きです。自宅の庭で撮影された写真ですが、いつ誰が来てもいいように、休みの日でも家ではきちんとスーツを着ていました。池の鯉《こい》にエサをあげるときは、そのスーツ姿

マスコミとの付き合い方も、角栄流

批判する相手には
手を挙げる必要は
ないのでは?

オレの写真が
撮れないのでは
商売に
ならんだろう。

休みの日でも家では
いつもスーツ

共同通信

のまま下駄を履《は》いて庭に出るので、こういう不思議な格好になるのです。

このようにマスコミを大事にしていたこともあって、政治部で田中派を担当していた記者たちは、みんなかなり心酔していました。田中角栄のことを「オヤジ」と呼んだりしていました。

そうなると、田中角栄を批判するようなことはなかなか書けなくなります。その書けないことが、次の政治とカネの問題へとつながっていくことになります。

田中角栄がやったこと⑦
総理大臣時代のワイロの問題で歴史的大事件に!!

政治家として頂点を極めたものの、最後はうまく利用していたマスコミによって総理大臣の座を追われました。それが金脈問題です。あれだけのお金をどうして持っているんだという問題にメスが入ったのです。

退陣後、追い打ちをかけるようにロッキード事件で疑惑の人となり、逮捕されます。総理大臣時代のワイロの問題が追及され、歴史的大事件になりました。

まず金脈問題から見ていきましょう。

田中角栄のファミリー企業が新潟県の信濃川周辺の河川敷《かせんじき》を買収しました。河川敷は、雨が降れば川があふれて水浸《みずびた》しになるので、土地の価値は全くありません。そこを関連会社が買収したのです。

その直後に、公共事業で河川敷と川との間に立派な堤防ができました。もう川

買収した土地が突然、一等地に

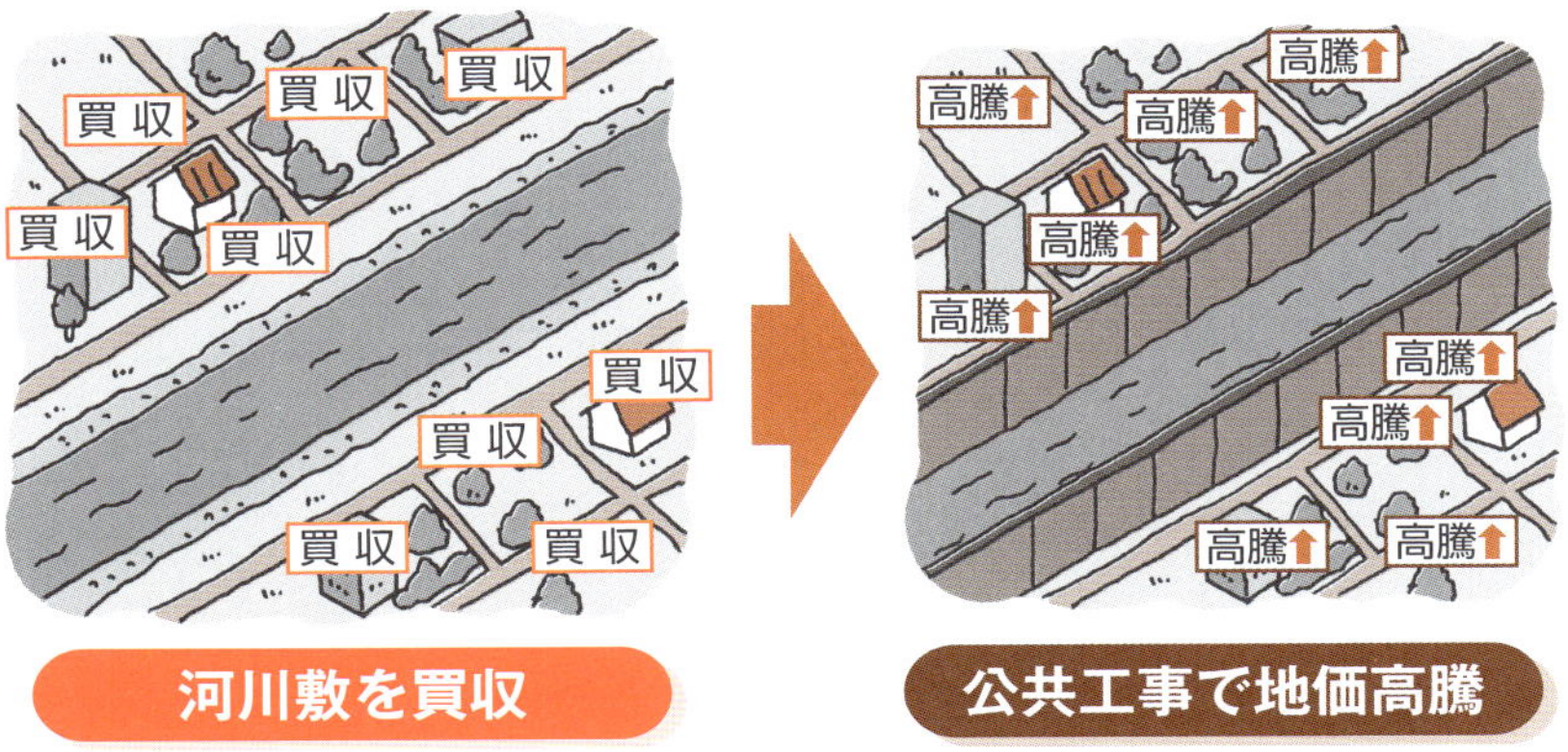

があふれることはありません。大変便利な場所だったので、買収した土地が突然、一等地に生まれ変わりました。4億円で買収したところが一挙に400億円になったといわれています。土地の価格が100倍になったわけです。

「なぜここで公共事業が？　どの段階で知っていたの？」

誰もが疑問に思うところでしょう。でも、これをすぐ罰するような法律が当時あるわけではない。「不適切だが違法ではない」という、どこかで聞いたような台詞《せりふ》を思い出しますね。

金脈問題でついにマスコミの追及が始まった

このような事例が当時、『文藝春秋』に掲載され、大きな問題となりました。これが金脈問題です。しかし、発覚した当初、新聞やテレビでは大きく報じられませんでした。

一つには、記者たちが田中角栄に心酔するあ

まり、批判的なことは書かなかったからです。と同時に、新聞社には、雑誌が報じたことなんか後を追いかけたくないという変なプライドがありました。また、『文藝春秋』のレポートは綿密に取材して調べて書いてあったので、簡単にはこれを確認できないという事情もありました。新聞社にしてもテレビ局にしても、自分のところで確認が取れないと報道できないというので、とりあえずこれをどこも取り上げませんでした。

ところが、ちょうど外国特派員協会で講演がありました。これはあらかじめ決まっていたものです。予定通り、その講演をした後、外国人記者たちから金脈問題について次々に質問が飛びます。しどろもどろになってうまく説明できない。その段階で初めて日本のマスコミも報道するようになりました。

日本の新聞やテレビが追及できなかったことを外国人記者が追及し、それに乗っかる形で新聞やテレビが大きく報じた結果、田中角栄は総理大臣の座を追われることとなったのです。田中内閣が倒れたのは1974年12月でした。

戦後最大の汚職、ロッキード事件とは?

総理大臣を辞めた後、明らかになったのがロッキード事件です。いったいどんな事件だったのでしょうか。

ロッキード社はアメリカの航空機メーカー、飛行機を造っている会社です。1970年代初め、全日空は機体を新しくしようと考えていました。その全日空に対しロッキード社が売り込みをした際に、全日空に影響力のある有力な政治家にワイロを贈れば飛行機が売りやすくなるのではないかと考えて、お金をばらまきました。これがロッキード事件です。

アメリカ議会の上院でこの問題が追及されたとき、ロッキード社の副会長がワイロを日本やイタリアなどいくつかの国にばらまいたと証言したのです。当時の田中角栄総理にも金が渡っていたのではないかということで、戦後最大の汚職事件に発展しました。

捜査には東京地検特捜部が乗り出します。逮捕されたのが1976年7月27日。当時私はNHKの記者になって3年。私も駆り出されて、その前の日の晩まで、誰かが呼び出されて逮捕されるのではないかというので、東京地検の前で張り番をしていました。

一、二審ともに懲役4年、追徴金5億円の判決

その後、田中角栄元総理は外国との不正な取引とワイロを受け取ったとする2つの罪で起訴されます。裁判では一審、二審ともに懲役4年、追徴金5億円という判決が出されました。

しかし、これを不服として上告し、最高裁まで争いましたが、判決が出される前に田中角栄元総理は亡くなりました。判決は確定せず、幕引きとなったのです。

ロッキード事件では、関係者のこんな言葉が有名になりました。

ロッキード事件、どんな事件だった？

田中 前首相を逮捕

ロッキード疑獄、一気に核心

桧山らから五億円

外為法違反 現金を四回受領

五カ所を捜索 元秘書官も逮捕

政界パニック状況

野党にも波紋

首相会見

朝日新聞（夕刊）
1976年7月27日

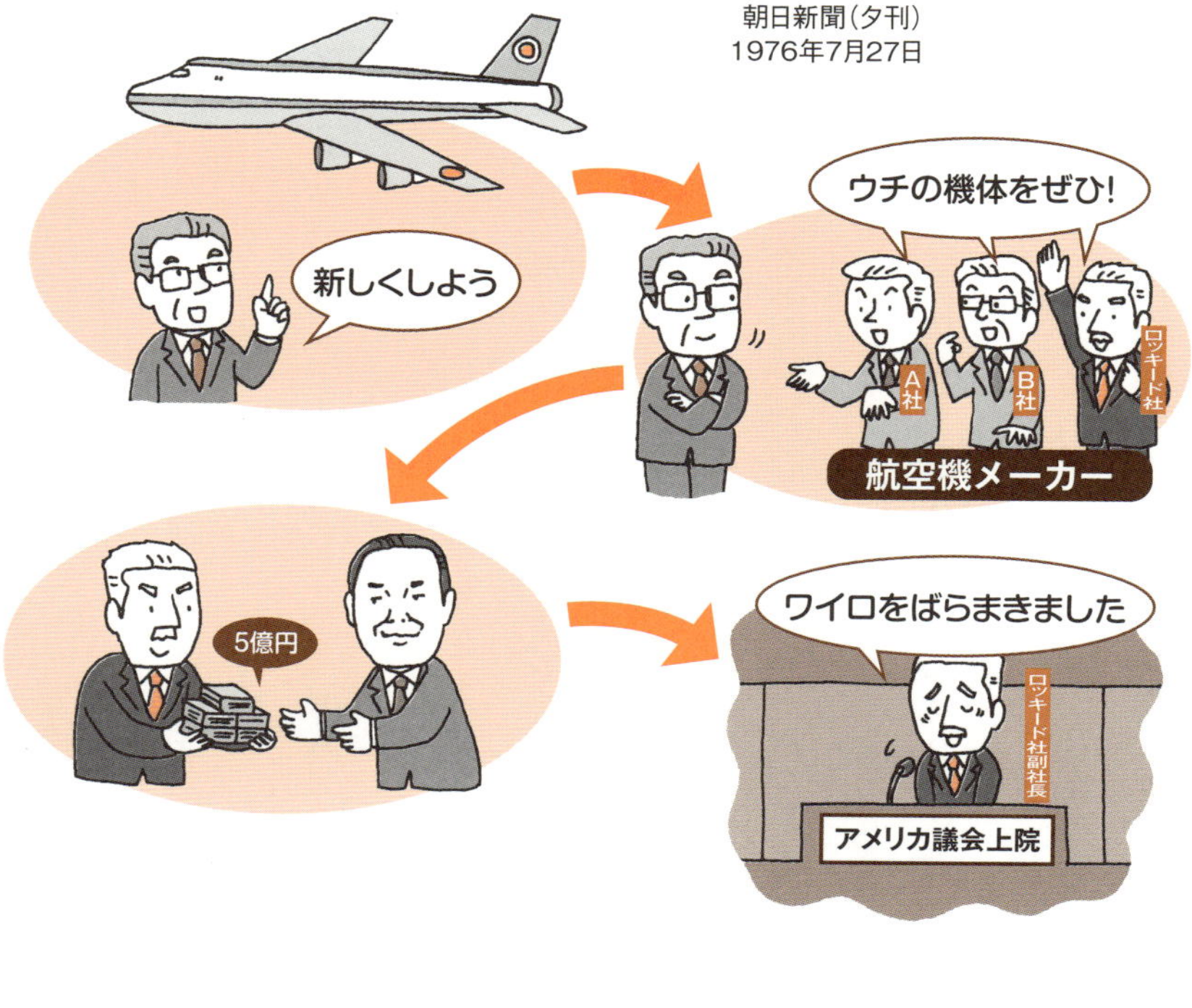

「記憶がありません」

「いや、まったく、私は記憶がありません」

「まあ、ここでは記憶がございません」

小佐野《おさの》賢治《けんじ》氏（国際興業社主・当時）が衆議院予算委員会で証言したときの発言です。

ウソをつくと偽証罪になり、認めてしまえば贈収賄《ぞうしゅうわい》事件になるので、どういう証言をするのかなと注目していたら「記憶がございません」。そうか、この手があったのかと思ったものです。

「ピーナッツ」や「ピーシーズ」という言葉も注目を集めました。ロッキード社はワイロを贈るとき、実際の金額を言うのはいくらなんでもまずいので、お金の単位を「ピーナッツ」や「ピーシーズ（piece〈かけら〉の複数形）」という暗号で表していました。

「目白の闇将軍」として外からコントロール

逮捕をきっかけに自民党を離党し、無所属となった田中角栄元総理は、その後も国会議員を続け、影響力を持ち続けていました。

田中派はものすごく議員の数が多いですから、他の派閥が総理大臣を出そうとしても、田中派の協力がないと総理にはなれません。そこで、自民党の中にいる田中派議員を外からコントロールして、政治に強い影響力を及ぼしました。

「目白の闇《やみ》将軍」とか「キングメーカー」と呼ばれたのは、そのためです。ただし、1985年に脳梗塞《のうこうそく》で倒れてしまいました。90年には政界を引退し、93年に75歳で亡くなっています。

昔を懐かしむだけではダメ

これ以降、角栄的な政治家は、いい意味でも悪い意味でも出ていないということです。だからこそ、何か閉塞感があると「あの人が今いたら」と思ってしまう。それでブームにもなるわけですが、本当はそれではいけないはずです。

現代には現代の政治家が必要です。昔を懐かしむだけではなくて、どんな政治家がいいのかということを、今、私たちは考えていかなければいけないと思います。

Part 2

そうだったのか!!

東西冷戦

―世界に多大な影響を与えた東西冷戦。
どうやって始まり、どう終わった？―

日本人として知っておきたい東西冷戦

「東西冷戦以降」。今でもニュースや新聞によく出てくる表現です。でも、東西冷戦ってそもそも何？　「核戦争寸前まで行った」なんて言うけど、なぜ何十年もにらみ合いが続き、実際どんなことが行われて、どう世界に影響したのか？

昔の出来事だけど、その意味を知れば、今の世界は東西冷戦がつくったことがわかります。冷戦が終わってから生まれた若い人にこそ知っておいてほしい。東西冷戦を知らずに今の世界は語れない！

東西冷戦の理解度チェック

★★★★★

これはカンタン

東西の国々

Q 1989年まで続き、世界を二分して争った東西冷戦。次のうち「東」に含まれる国は？（複数回答可）

①ソ連　②アメリカ
③東ドイツ　④北朝鮮

①

②

③

④

A

①
③
④

①

③

④

「東」の代表がソ連、「西」の代表がアメリカです。ドイツは当時、東ドイツと西ドイツに分かれていました。

そうだったのか!!

東西冷戦の理解度チェック

★★★★☆

比喩的表現です

東西分断

Q 冷戦時代、ヨーロッパを「東」と「西」に隔《へだ》てたラインのことを「○のカーテン」と呼びました。○に入る漢字は？

○のカーテン

A 鉄

チャーチル 英首相(当時)

イギリスの首相チャーチルが、首相を辞めた後、1946年に訪米して、演説でこの言葉を使ってから有名になりました。

東西冷戦の理解度チェック

★★★☆☆

ノーベル平和賞

冷戦の終わり

Q ソ連の経済状況が悪化した1980年代半ば、「もう冷戦はやめよう」と言い出したソ連の指導者は誰でしょう？

① スターリン
② ブレジネフ
③ ゴルバチョフ

スターリン

ブレジネフ

ゴルバチョフ

帰属: RIA Novosti

A
③ ゴルバチョフ

ゴルバチョフ 書記長（当時）

帰属: RIA Novosti

「ペレストロイカ（立て直し）」を掲げたゴルバチョフ書記長は、冷戦終結をリード。1990年にノーベル平和賞を受賞しています。

おさらい

アメリカとソ連が対立した理由は？

詳しくは P.68

冷戦が終わったのになぜ平和にならないの？

詳しくは P.80

冷戦終結とデフレの関係は？

詳しくは P.82

チェック項目から、東西冷戦とは何か、冷戦の終わりが世界にどんな影響を与えているかがわかる！

米露 冷戦以来の危機

ゴルバチョフ元ソ連大統領

国連中心に「反テロ協定」を

【モスクワ杉尾直哉】ソ連最後の最高指導者で1990年にノーベル平和賞を受賞したミハイル・ゴルバチョフ元ソ連大統領(84)が毎日新聞のインタビューに応じ、ウクライナ危機やシ

（9面に関連記事）

ゴルバチョフ氏は、ソ連末期に米ソの対話で冷戦を終結させた経験を引き合いに出し、テロ対策で米露が立場を超えて協力するための「大きな対話」を行うよう米露双方に訴えた。

ゴルバチョフ氏は、パリなど欧州でテロが繰り返され、中東などから難民が押し寄せる現状について「非常に危機感を持っている」と述べた。国際社会がテロ対策に有効策を打ち出していないことに関しては「主要国間で対立が深まり、国際政治における信頼が崩れているため」と批判。信頼関係回復に向け、国連安保理での首脳・閣僚級会合の定期開催のほか、国連を中心とした「反テロ協定」締結の必要性を訴えた。

▲毎日新聞 2015年12月16日

高まる緊張 冷戦以来

動くロシア、米欧は制裁

クリミア住民投票実施

ウクライナ南部クリミア自治共和国で住民投票が実施され、米国と欧州連合（EU）は17日以降、ロシアを対象にした制裁を強める手続きに入る見通しだ。ロシアが激しく反発するのは必至で、同国と欧米の緊張は東西冷戦終結後、最悪の状態に陥る恐れがある。

▼1面参照

ロシアへの編入を問う住民投票が行われた16日、ウクライナ軍の施設周辺をロシア軍とみられる兵士が取り囲んでいた＝ウクライナ・クリミア自治共和国シンフェロポリ郊外、葛谷晋吾撮影

ロシアは住民投票について「結果を尊重する」（ラブロフ外相）と強調する。約6割をロシア系住民が占めるクリミア自治共和国で編入賛成が多数となるのは確実だ。クリミアに介入する動きを見せて以来、世論調査でプーチン大統領の支持率は大統領復帰後で最高の71・6%に急上昇。ウクライナとの関係よりクリミアのロシア人を守ることを優先すべきだと答えた人も7割にのぼった。プーチン氏も後に引けない状態だ。

住民投票で編入賛成が多

併合せ

ロシアが併合にただちに動けば欧米との対立が後戻りできない状態になる。

ただ、プーチン政権がすぐには併合に踏み切らないのでは、との見方もある。政治情報センター（モスクワ）のムヒン所長は地元紙に「併合は論理的に可能でも、政策的にはなお議論が待たれる」と話した。

朝日新聞 2014年3月17日▶

東西冷戦の東とは？ 西とは？

東西冷戦が終わってもう25年以上になります。最近は、東西冷戦のことをよく知らないという人が増えてきました。では、知っている世代の皆さんは、知らない世代にちゃんと説明できますか？ いざ説明しようとすると、意外と知らないことがあるのではないでしょうか。

今の世界情勢も、なんでこんなことになっているんだということを突き詰めていくと、東西冷戦に行き当たることが多いのです。新聞に「東西冷戦以降」という表現がよく出てくるのはそのためです。

昔の出来事ですが、その意味を知れば、今の世界は東西冷戦がつくったことがわかります。過激なテロや民族対立がなくならないのも、中国の急激な成長も、日本の景気が悪いのも、すべて冷戦の終了と関係し

米ソの直接対決はなかったから「冷たい戦争」

ています。東西冷戦を知らなければ今の世界は語れません。

まずは基本中の基本から確認しておきましょう。そもそも東西冷戦の東西ってどこでしょう?

世界がアメリカグループとソ連グループに分かれて対立したわけですが、日本が中心の世界地図だとアメリカが東、ソ連が西になってしまいます。そこで地図をずらしてヨーロッパ中心の地図で見てみると、東がソ連、西がアメリカになります。これでわかるように、東側諸国はソ連や東ヨーロッパ、中国など、西側諸国はアメリカや西ヨーロッパなどです。

この2つのグループが激しく対立したのが東西冷戦。あやうく核戦争になりかけたこともあります。しかし、武力で両グループが激突することはありませんでした。熱い戦い、実際に殺し合う戦争ではなく、に

らみ合いが続いた。そこでこれを「冷たい戦争」と呼んだのです。

資本主義vs社会主義のにらみ合い

対立の理由は、一言で言えば、資本主義と社会主義の考え方の違いです。

資本主義は、国民に自由を保障して、何をしてもいいですよというのが基本です。結果的に競争社会になります。世の中に必要なものはみんなで競争して作るので経済が発展していく。これに対して、社会主義は平等が一番大事です。格差があってはいけない。平等を追い求めるあまり、国民を自由にさせないで管理してしまうので、息苦しい社会が生まれます。

自由を目指してできた国がアメリカ。一方、平等を目指してできた国がソビエト社会主義共和国連邦、略してソ連。社会主義で発展しようとロシア共和国を中心にいくつかの国が集まってできた巨大な国です。ソ連は大量の核兵器を保有し、いつでもアメリカと世界戦争ができるぞという強い力を持っていました。もし本当に戦争になったら、世界が滅びてしまうといわれるほどでした。

世界のツートップの大ゲンカでいつ核戦争になるかもしれない。そんな緊張感に満ちていたのが冷戦時代です。

アメリカvsソ連の陣取り合戦

米ソは、考え方は天と地ほど違いますが、第二次大戦中はドイツや日本を倒す

いつ核戦争になるかもしれない緊張感

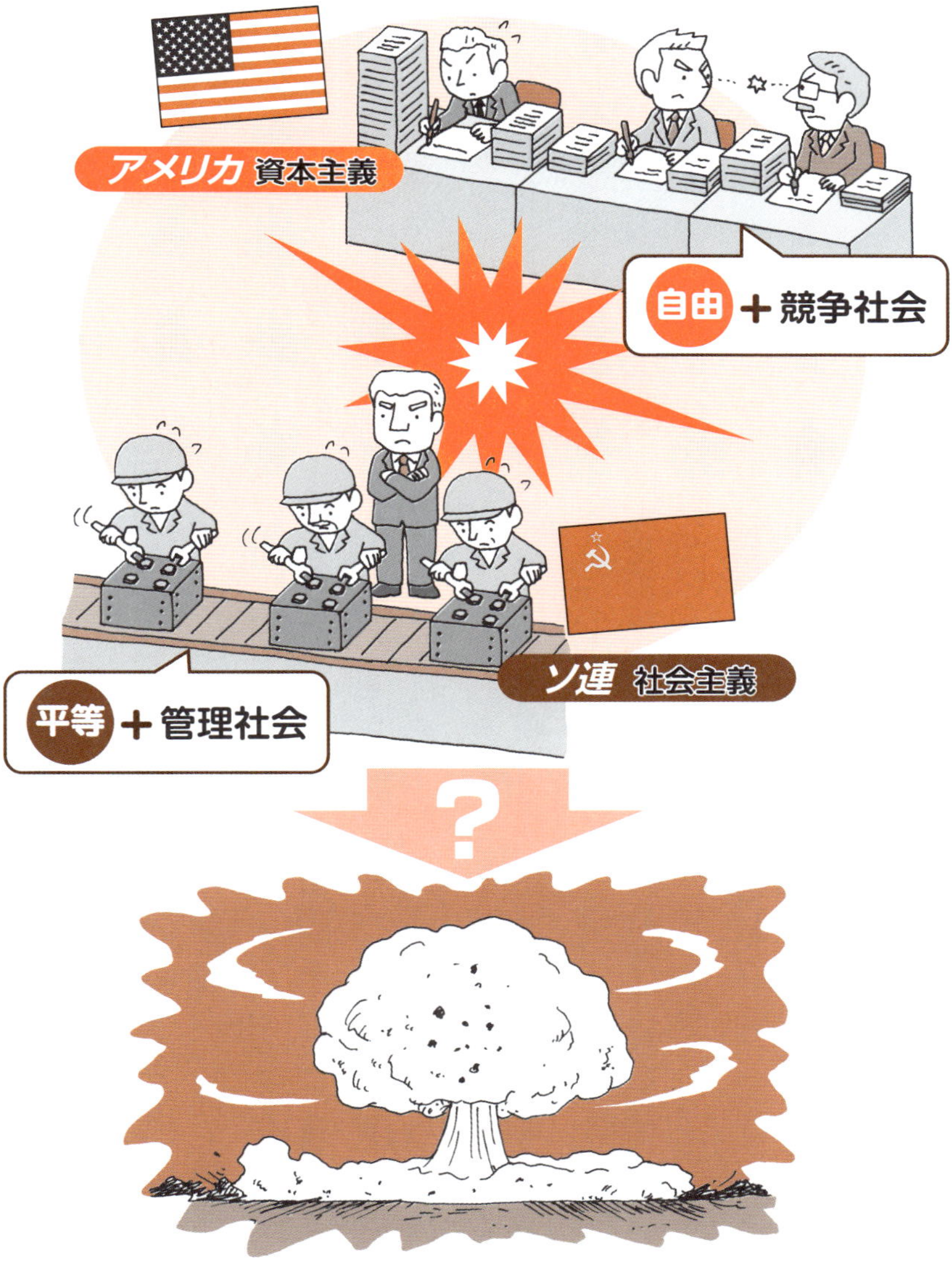

という共通の目的があったため、共に戦う仲間でした。しかし、もともと仲良しだったわけではないので、戦争が終わると対立が激化し、世界の陣取り合戦が始まりました。

当時、ソ連の指導者は独裁者スターリン。彼はなんとか自分の言うことを聞く国を増やそうとして、特に東ヨーロッパの国々に社会主義を押し付けました。

というのも、大戦中、ドイツがソ連に攻め込んできて、ソ連は莫大な犠牲者を出したからです。それがトラウマになったのです。ソ連にしてみれば、資本主義国との間に緩衝《かんしょう》地帯を作っておけば、とりあえずソ連が直接攻められることはない。もし攻めてきても、戦場になるのは東ヨーロッパ諸国であって、ソ連ではない。

そういう考えで、スターリンは第二次大戦で占領した国々に自分の言うことを聞く政権を作り、強引に仲間にしていきました。

そして、そこに西側の悪い影響が及ばないように、いわゆる「鉄のカーテン」を引きました。つまり、鎖国のように国を閉ざしたのです。東側諸国の内部で何が起きているのか外からはうかがい知れないようにしました。

こうすれば、資本主義の思想は入ってきません。特にスターリンの時代、彼は国民を信用しませんでした。国民はついつい真面目に働かないで、西側の思想や文化にかぶれて堕落してしまう。堕落しないように監視しなければいけない。そういう発想でした。

スターリンが引いた「鉄のカーテン」

ソ連が占領した
東欧の国々に
社会主義政権を作って
仲間にした

ソ連 スターリン首相(当時)

1940年代後半から50年代初めにかけて社会主義化

社会主義を守るためと称して独裁的な支配を強め、資本主義国とは接触しないよう閉じこもった。それが当時のソ連や東ヨーロッパ諸国です。

一人の公務員が国の方針を変えた！

ここまでは年配の人なら知っていて当然の話です。でも、ここから先は、案外知らないのでは？　東西冷戦にはこんな裏側がありました。

当初、アメリカは、ソ連ともうまくやっていけるのではないかと思っていました。なんとか協調していこうとしたのですが、「そんなことはやらないほうがいい」と進言した人物がいたのです。

それがジョージ・ケナンという人です。彼は駐ソ連代理大使でした。駐ソ連アメリカ大使が帰国している間、代理でソ連にいて、そこでソ連のことを研究します。その結果、「ソ連という国は一筋縄ではいかない国だ、こんな国とは協調路線なんかとれない。ソ連は世界を征服しようという勢いだから、封じ込める必要がある」と結論づけました。

そういう内容でアメリカの国務省宛てに電報を打ったところ、ソ連から呼び戻されて、国務省で対ソ連の戦略を作る重要な部署に就くのです。これによってアメリカの方針が定まりました。

アメリカはソ連を悪と見なし、自分たちは正義の国だとして、「さあ、正義につくか悪につくか、はっきりしろ」と他国に迫るようになります。こうして、

「ソ連は封じ込める必要がある」と進言

ソ連を
封じ込めよう!
協調路線を
やめて
対抗すべき!
アメリカ
ジョージ・ケナン
駐ソ連代理大使(当時)

共同通信

「資本主義が正しい」「いや、社会主義が素晴らしい」とお互いにアピールし合い、仲間を増やす陣取り合戦が、世界規模で行われるようになりました。

アピールの手段にはアニメも使われました。アメリカがいかにひどい国かを示すために、ソ連が1960年代に作ったアニメがあります。そのアニメでは、「〝ある国〟でお金持ちが亡くなった」として、お金持ちが飼っていたブルドッグが相続人に指名され、莫大な遺産を相続。ニューヨーク5番街のど真ん中に住み、カネにあかせて贅《ぜい》沢三昧《たくざんまい》に暮らしたブルドッグは、最後は上院議員に上り詰めました。

要するに、カネさえあれば上院議員の地位も買える。アメリカとは、そういう堕落した国なのだ、と言いたいのでしょう。

そうやって相手の国を悪く言う、一大PR合戦をやっていたわけです。

社会主義の国は監視社会

今では信じられないことも平然と行われていました。

冷戦時代、社会主義の国は監視社会でもありました。たとえば、1970年、ソ連グループだった東ドイツで撮影された映像は、一人の女性をこっそり追いかけて撮っていました。いわゆる盗撮、しかも政府による盗撮です。彼女は外国人と結婚して東ドイツを離れた後、時々戻ってきていました。そのため西側のスパイではないかと疑われ、監視対象になっていました。3年間もずっと監視されていたということです。

1985年に東ドイツの秘密警察が家宅捜索をしたときの映像も残っています。秘密警察は一般市民の監視を目的とする組織です。彼らは自分たちの活動を映像として記録していました。

この映像には、ターゲットが留守の間にひそかに家の中に入り、家の中を片っ端から調べて、ゴミ箱やかばんの中まで探る様子が映されています。西側と通じたスパイではないかと密告があり、調べてみることになったようです。結局、スパイの証拠は得られませんでした。

「社会主義の理想は正しい。平等を求めてみんな一生懸命働けば、間違いなく発展するはずだ。でも、どうもうまくいっていない。ということは、どこかでそれを妨害している奴がいるのではないか。資本主義のスパイがいるに違いない。そ

西側諸国で行われた、赤狩り

赤狩り

いつを探し出せ」

こういう理屈で彼らは自国民に疑いをかけ、政府が国民を監視する社会をつくっていきました。

かつて東ドイツに住んでいた人（77歳）が、番組の取材でこんな話を聞かせてくれました。

その女性によると、子供の頃、学校でも監視されていたそうです。会話の内容、たとえばアメリカのラジオを聴いたとか西側の新聞を読んだとかといったことをクラスメートが記録して、それが先生を通じて秘密警察に報告されていたというのです。

また、戦後すぐの頃、ソ連の占領下では、突然人がいなくなることがよくあったそうです。隣に住む人がある日、突然消えてしまい、のちに新聞などでシベリアの収容所に送られたとわかるのだそうです。些細《ささい》なことで連行され、自由は全くなかったといいます。

アメリカグループも自由じゃなかった!?

東側諸国の実態を見てきましたが、西側諸国もあまり人のことばかり言えないところがあります。

たとえば、アメリカで起きたのが「赤狩り」です。「あいつは共産主義者じゃないか。そんな奴は追放しよう」という運動です。赤は共産党のシンボルカラー

あっけなく終わった、東西冷戦

だったので、この名がつきました。

特にハリウッドで盛んに行われて、俳優、脚本家、監督といった人たちが次々に共産主義者だと疑われて追放されました。あのチャップリンもそれが理由で追放されています。

日本でも同じようなことがありました。疑われただけで会社をクビにされるのです。就職のときも、採用で内定を出す前に、「ひょっとすると共産主義者かもしれない。そんな人が会社に入ったら大変だ」というので、興信所を雇って周辺で聞き込みをする。そういうことが行われていました。今では絶対許されないことですね。

80年代末、ソ連の経済悪化で冷戦終結

40年以上も続いた東西冷戦も、終わりは意外とあっけないものでした。

80年代後半、ソ連の経済がどん底に落ち込み、もうケンカは続けられないという状況になります。この時、ソ連の方から「もう冷戦はやめよう」と言い出しました。当時のトップ、ゴルバチョフ書記長が「仲直りして軍事費を減らそう」と方針転換。リーダーが考えを変えたことで、ソ連グループにいた国々も次々と社会主義をやめて資本主義に転じました。

そんな様子を見て、「冷戦は終わった」と世界の人々は徐々に理解していきました。

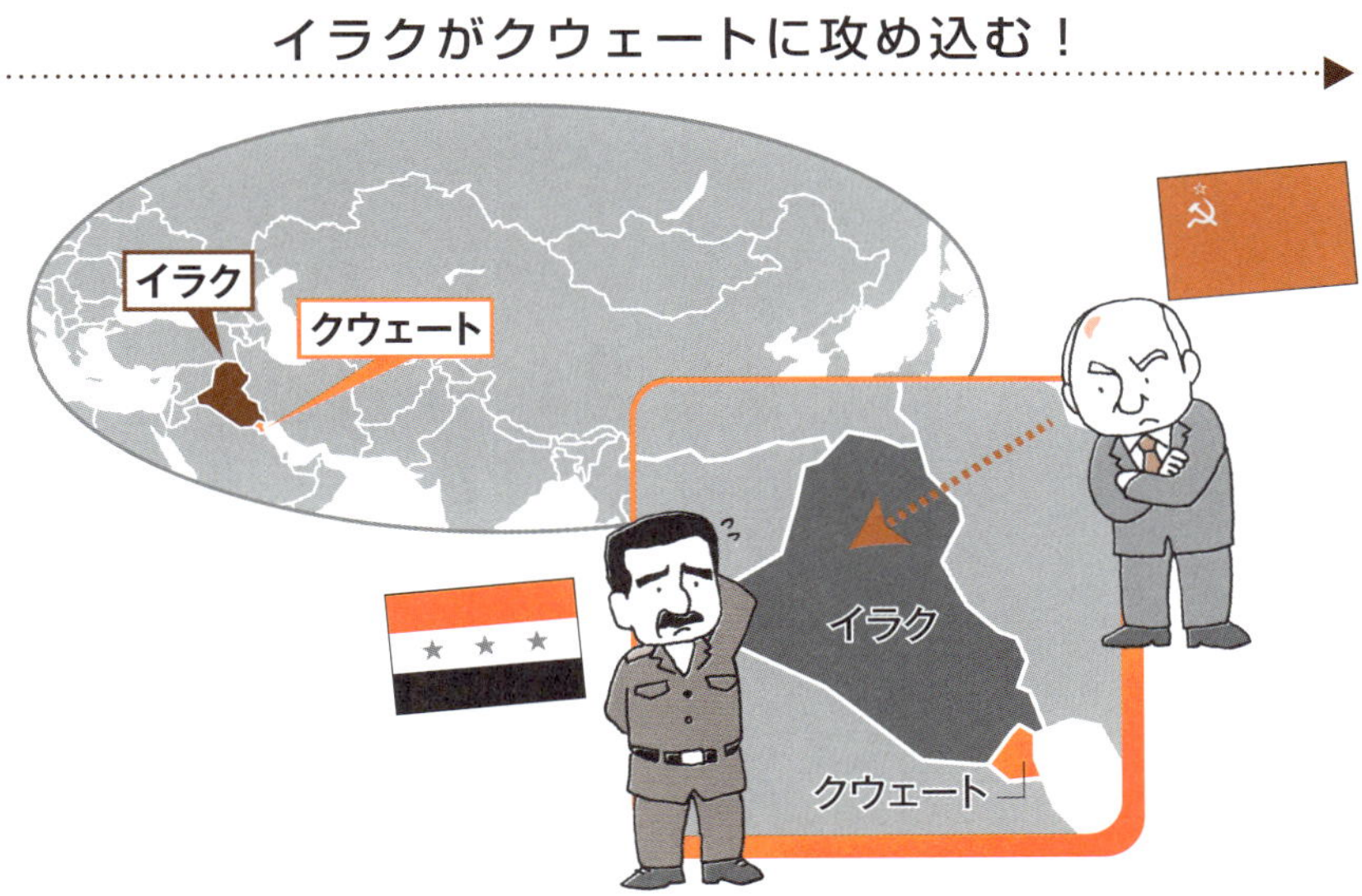
イラクがクウェートに攻め込む！
イラク
クウェート
イラク
クウェート

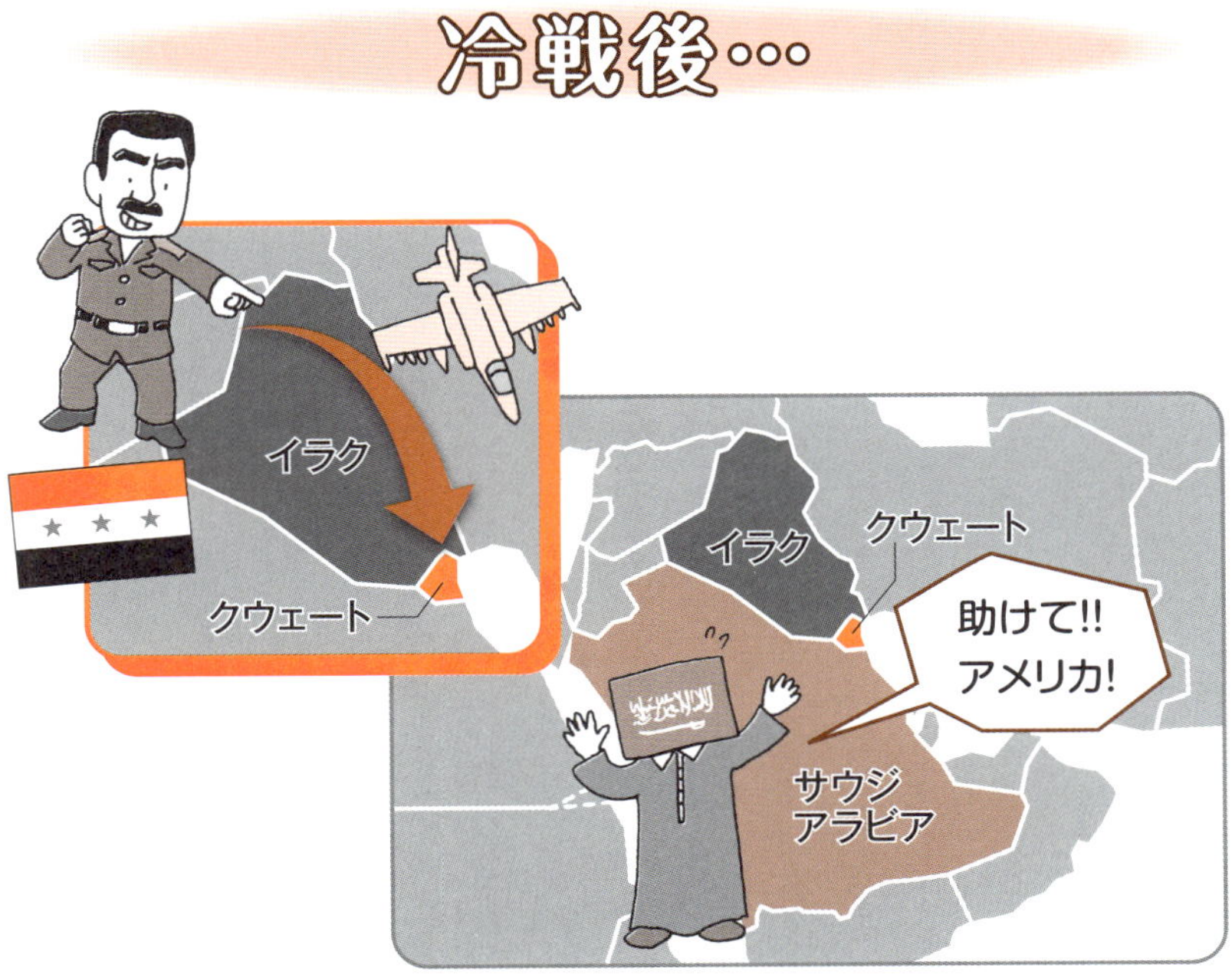
冷戦後…
イラク
クウェート
イラク
クウェート
助けて!!
アメリカ!
サウジ
アラビア

冷戦後、平和にならなかったのはなぜ？

冷戦が終わり、これで世界は平和になると思った人は多いはず。でも、なりませんでした。何が起きたのか？　イラクがクウェートに攻め込んだのです（1990年8月）。

それまでイラクはソ連グループにいたので、何か勝手なことをするとソ連側から抑え付けられていました。ところがソ連が弱くなり、もう抑え付けられることはなくなります。今がチャンスと見たイラクは、クウェートの石油や財産を全部奪ってしまおうと考えて、大金持ちのクウェートに攻め込みました。

これに対して、アメリカをはじめ世界が怒ります。お隣のサウジアラビアも強い危機感を持ちました。イラク軍がクウェートに攻め込んだ後、さらにサウジアラビアまで攻めてこないとも限りません。そこでアメリカに「助けてください」と声をかけ、これによってアメリカ軍がサウジアラビアに駐留するようになります。アメリカを中心に、サウジアラビアやたくさんの国が協力して、クウェートからイラク軍を追い出しました。

東西のバランスが崩れ、反米テロが増えた

でも、サウジアラビアにはイスラム教徒の聖地、メッカとメディナがあります。そういうところに異教徒が入ってきたことに対して、サウジアラビアの国民は反

アメリカの支援がテロにつながった

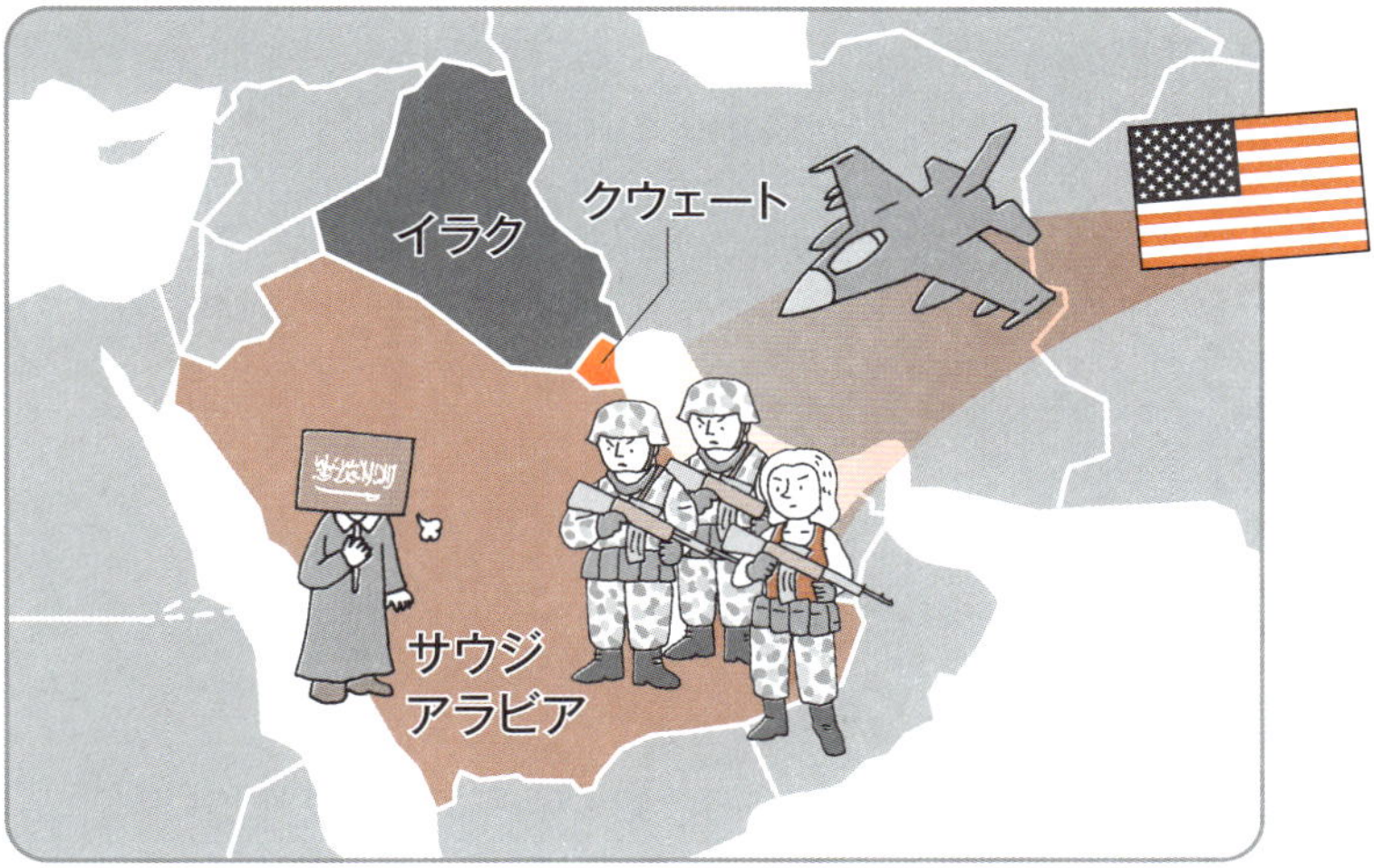

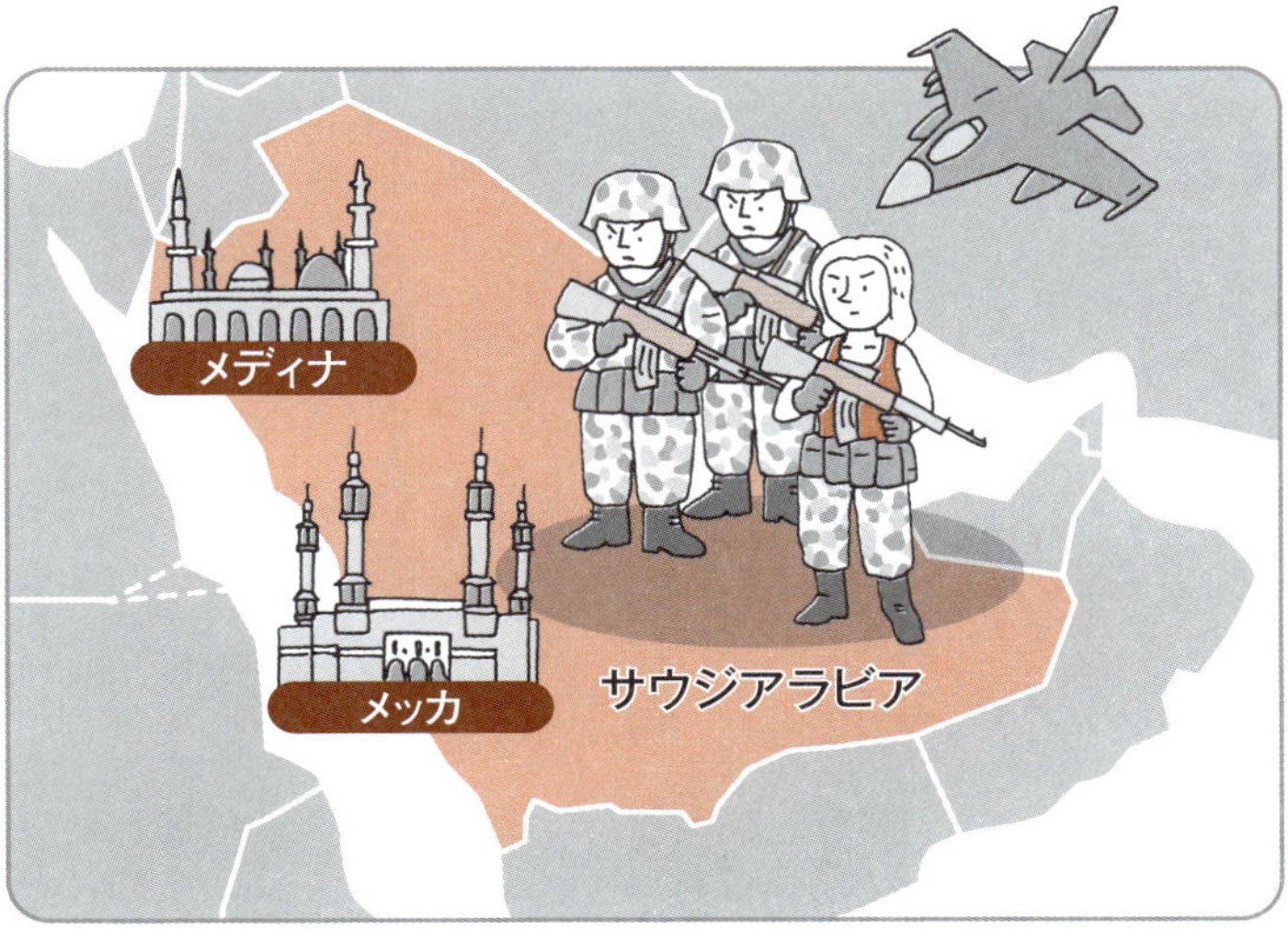

発しました。

アメリカ軍の女性兵士は、肌も露《あら》わな格好で、髪も隠さずに来るわけです。サウジアラビアの女性たちは、みんな黒いマントのような服で全身をすっぽり隠していますよね。顔も目以外は隠しています。そういう文化の人たちがアメリカ軍を見たとき、反発が起きます。とりわけ激しく怒ったのがオサマ・ビンラディンという人物でした。

ここから、反米のテロをやらなければいけないということになり、やがてこれが「9・11」につながっていきます。

2001年9月11日、ハイジャックされた飛行機がニューヨークのビルなどに突っ込み、大惨事を引き起こしました。あの事件以降、アメリカの報復、そしてさらにテロと悲劇が繰り返されていきました。

冷戦時代は、2つの超大国がそれぞれのグループの国が勝手なことをしないように抑えていました。しかし、冷戦後は両者のバランスが崩れて抑えがきかなくなり、世界各地で紛争やテロが頻発するようになったのです。

東西冷戦以降、日本の景気が悪くなった？

中国は社会主義国ですが、経済では資本主義を取り入れ大成功を収めました。今も社会主義を掲げているキューバやラオスなども資本主義を取り入れつつあり、もはや純粋な社会主義国はほとんどありません。

デフレの要因に東西冷戦終結があった!?

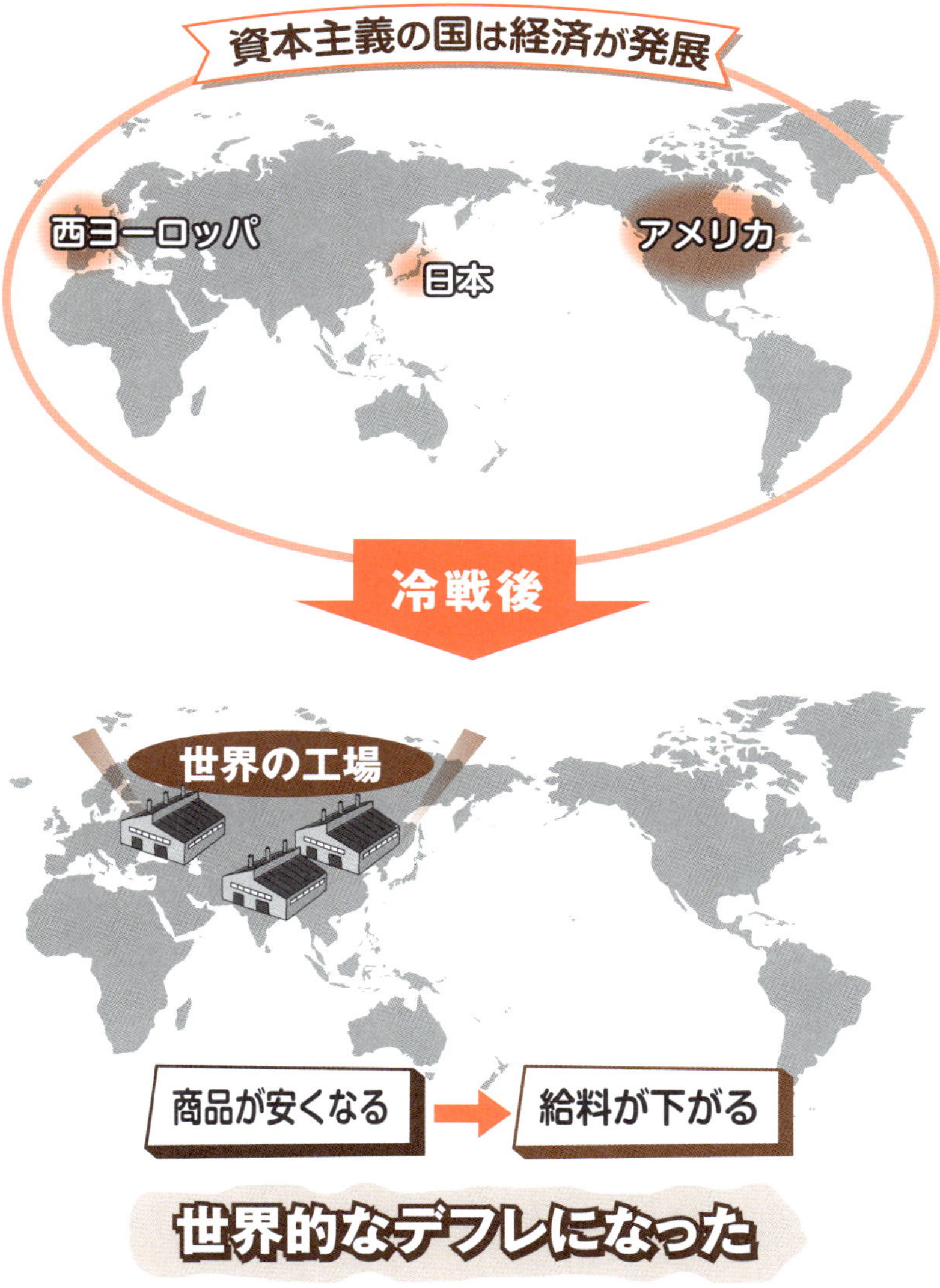

ところで、現在、日本経済はデフレから脱却できないで苦しんでいます。デフレとは、物価が下落していく状況のこと。物価が下がると企業の利益が減り、給料も減ってモノが売れず、ますますモノの値段が下がるという悪循環に陥ります。

では、いったい何が原因でデフレになったのか。

東西冷戦が終わったから日本がデフレになった——。こんなことを言うと驚く人がいるかもしれませんね。でも、そういう一面があるのは事実です。

どういうことかというと、冷戦時代、ソ連をはじめ東側諸国は全くの鎖国のような状態でした。世界の中でも資本主義の国は限られています。その中で日本は相対的に人件費も安く、モノを作ればどんどん売れていくという状態でした。

ところが、東西冷戦が終わりました。東側諸国の鎖国は解かれ、国がオープンになります。社会主義だった国は、実は教育がしっかりしていました。みんな読み書きができるのはもちろん、非常に能力の高い人たちがそろっています。でも、それまで閉鎖的な世界の中で経済は停滞していましたから、人件費が猛烈に安いのです。となると、世界の企業が東ヨーロッパや中国に進出してそこに工場を建てれば、非常に安くモノが作れるようになります。その結果、どんどんモノの値段が下がり、世界的なデフレになっていったのです。

東西冷戦が終わったことによって、いろいろな商品は安くなるのですが、世界的なデフレにもなってしまう。現在のデフレには、そういう背景もあったということです。

Part 3

そうだったのか!!

バブル崩壊・リーマンショック

―「バブル以来の○○」

「リーマンショック以来の○○」。

枕詞《まくらことば》にもなる「バブル」や「リーマンショック」

って、いったい何？―

日本人として知っておきたい バブル崩壊・リーマンショック

「バブル崩壊以降」「リーマンショック以降」ってよく言いますが、何のことか説明できますか。景気が絶好調だったバブル時代、株価は今の倍以上、新入社員のボーナスは給料6カ月分も出た会社があったとか。一体なぜバブルははじけたの？
バブル崩壊から立ち直りつつあった日本経済を再びどん底に突き落としたのがリーマンショックです。結構、最近のことなのに意外と知らないかも。この際、しっかり学んでおきましょう。

バブル崩壊・リーマンショックの理解度チェック

★★★★★

常識レベル

バブルで大儲《おおもう》け

Q バブル景気に沸いた1980年代後半、あるものが値上がりしてブームになりました。それは何？

① 土地　② チューリップ
③ トイレットペーパー

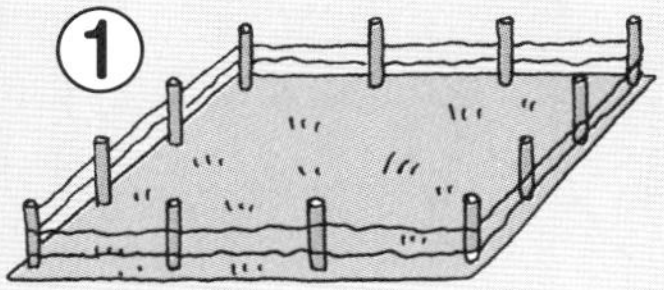

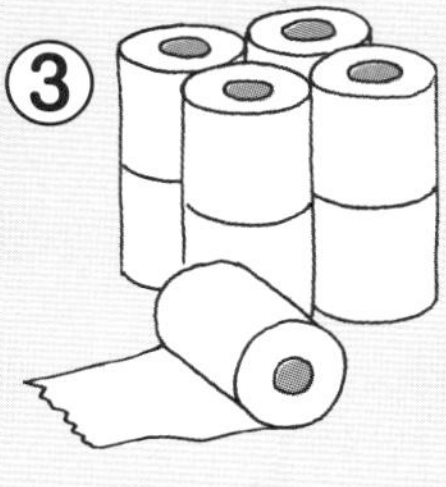

A

①土地

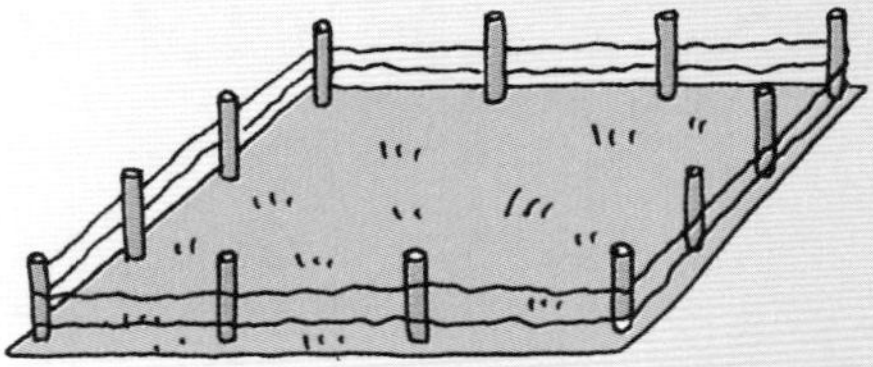

バブルでいい思いをしたというのは、バブルがはじける前の話。はじけた後は、ひどい目に遭《あ》ったという人が多いかもしれません。

そうだったのか!!

バブル崩壊・リーマンショックの理解度チェック

★★★☆☆

少し難しいかも

アメリカのバブル

Q アメリカでも2000年代にバブルが起きて空前の○○ブームに。○に入る漢字は何？（ヒント＝低所得者向け）

○○ブーム

A 住宅

低所得者向けの住宅ローンのおかげで住宅ブームになり、住宅価格が上昇を続けました。しかし長くは続かなかったのです。

バブル崩壊・リーマンショックの理解度チェック

★★★★☆

意外と知らないかも

信用不安の連鎖

Q 2008年のリーマンショックで世界は大不況に突入。ところで、リーマンって何のこと？

① サラリーマン

② ドイツの著名な数学者

③ アメリカの投資銀行（大手証券会社）

A

③ アメリカの投資銀行（大手証券会社）

※投資銀行は日本ではなじみがないため、大手証券会社と報道されることが多い。

超優良企業だったリーマン・ブラザーズがまさかの倒産。その影響は世界に波及しました。もちろん日本にも。

そうだったのか!!

バブル崩壊・リーマンショックの理解度チェック

★★★★★

これは難しい

派遣切り

Q 2008年暮れからお正月にかけて、仕事や住居を失った派遣労働者を支援するため、東京・日比谷公園に開設されたのは？

東京・日比谷公園

A 年越し派遣村

路頭に迷った労働者がせめて年を越せるようにと炊《た》き出しや生活相談などが行われました。

おさらい

バブル崩壊の仕組みは？ 詳しくは P.103

アメリカで住宅バブルが起きたワケ 詳しくは P.107

派遣切りはなぜ起きた？ 詳しくは P.115

チェック項目から、バブル崩壊とリーマンショックが日本経済にどんな影響を与えたかがわかる！

日本のバブルはなぜ起きたのか？

1980年代後半から90年代初めにかけて、日本の景気は絶好調でした。これがバブル景気です。株価は今の倍以上、日経平均株価が3万8000円を超えたこともありました。

バブルが崩壊して「失われた20年」が過ぎた今、そんな時代があったとはとても想像できないという人も多いでしょうね。

バブル時代、お金が儲かって仕方がなかった企業は、お金の使い道に困るほどでした。日本の不動産会社がアメリカのシンボルともいえるニューヨークの超高層ビル、ロックフェラー・センターを買って、アメリカの人たちから強い反発を受けたのもこの頃です。

どうしてそんなに景気がよかったのでしょうか。

そもそもは不況から始まった!?

70年代から80年代にかけて、日本は海外から材料を輸入して、加工したものをアメリカなどに輸出していました。その代表が自動車やテレビです。高品質の日本製品は海外でよく売れ、今よりもずっと円安だったので輸出企業は大儲けしました。貿易収支は黒字になります。

一方、アメリカは輸入が増えるばかりで、国内の製造業はふるわず、貿易収支

バブルって何？

給与総額、バブル後最低

昨年、パートの割合増加

厚生労働省が31日発表した毎月勤労統計調査（速報）によると、2012年に支払われた残業代や賞与を含む現金給与総額の月平均は前年比0・6%減の31万4236円だった。2年連続で減り、現行の調査を始めた1990年以来最も低い。給与が少ないパートの割合が増えたためだ。

これまで最も低かったリーマン・ショック翌年の09年の31万5294円を下回り、バブル末期の90年以降では最低になった。12年の現金給与総額を勤務形態別にみると、パートを除く一般労働者が前年比0・2%減の40万1726円で、パートは同1・5%増の9万7192円だった。

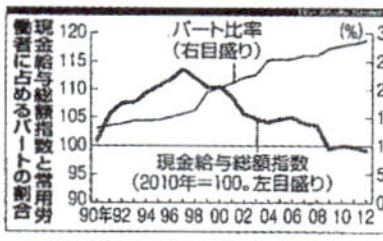

残業を含めた月間総実労働時間は、一般労働者が前年比0・8%増の169・2時間、パートが同1・1%増の92・0時間だった。一般労働者は、労働時間が増えて、基本給や残業代は増えたが、年間賞与が2・4%減の87万3千円となったために総額は減った。

調査対象の変化を考慮に入れた現金給与総額の指数（10年＝100）でみても、12年は99・2で、これまでの最低だった09年（99・5）を下回った。

指数が下がったのは、労働時間が一般労働者の半分程度のパートが増えていることが大きな要因だ。

一般労働者とパートを合わせた「常用労働者」は前年より0・7%増の4575万3千人で、9年続けて増えた。このうちパートが占める割合は前年より0・56ポイント多い28・75%で、調査開始以来増え続けている。

調査対象は、従業員5人以上の事業所で、無期または1カ月超の有期契約で働くか1カ月以下の有期で調査前の2カ月間に月18日以上雇われた人。（吉田拓史）

朝日新聞　2013年1月31日（夕刊）

アメリカとの貿易摩擦

1970年代〜80年代
材料を輸入
加工して輸出
円安
大儲け!

1980年代前半
円高にしよう!
円高となり、
アメリカで日本製品が
高くなる
日本製品が
売れなくなる
貿易により黒字
貿易により赤字

は赤字に。そこで日本に圧力をかけてきました。「日本だけ儲けるのはズルい。円高にしろ！」というわけです。

円高にすれば、アメリカで日本製品の値段は高くなり、売れなくなります。日本にとっては不利ですが、アメリカに言われたため、仕方なく持っていたドルを大量に売って円高ドル安にしました。

その結果、案の定、日本の輸出企業は大損します。景気が悪化して日本経済は大ピンチに直面しました。

ところが、そこから大逆転を果たすのです。景気対策が見事に効きました。その景気対策とは金利を下げること。あの頃は今と違って驚くほど金利が高かった時代です。銀行預金の金利が6％なんていうこともありましたよね（1990年）。100万円預ければ1年間で6万円も利子がつきました。

でも、お金を借りる方にしてみれば、後でたくさん返さないといけないので、なかなか借りにくかった時代です。

金利が下がれば、お金を借りやすくなるはずです。そうなれば、多くの企業がお金を借りて新しい仕事を始めるはず。そういう考えの下、金利を引き下げました。予想は的中し、みんながお金を借りました。ところが、借りたお金の使い道が予想外でした。

円高ドル安で、日本経済は大ピンチ

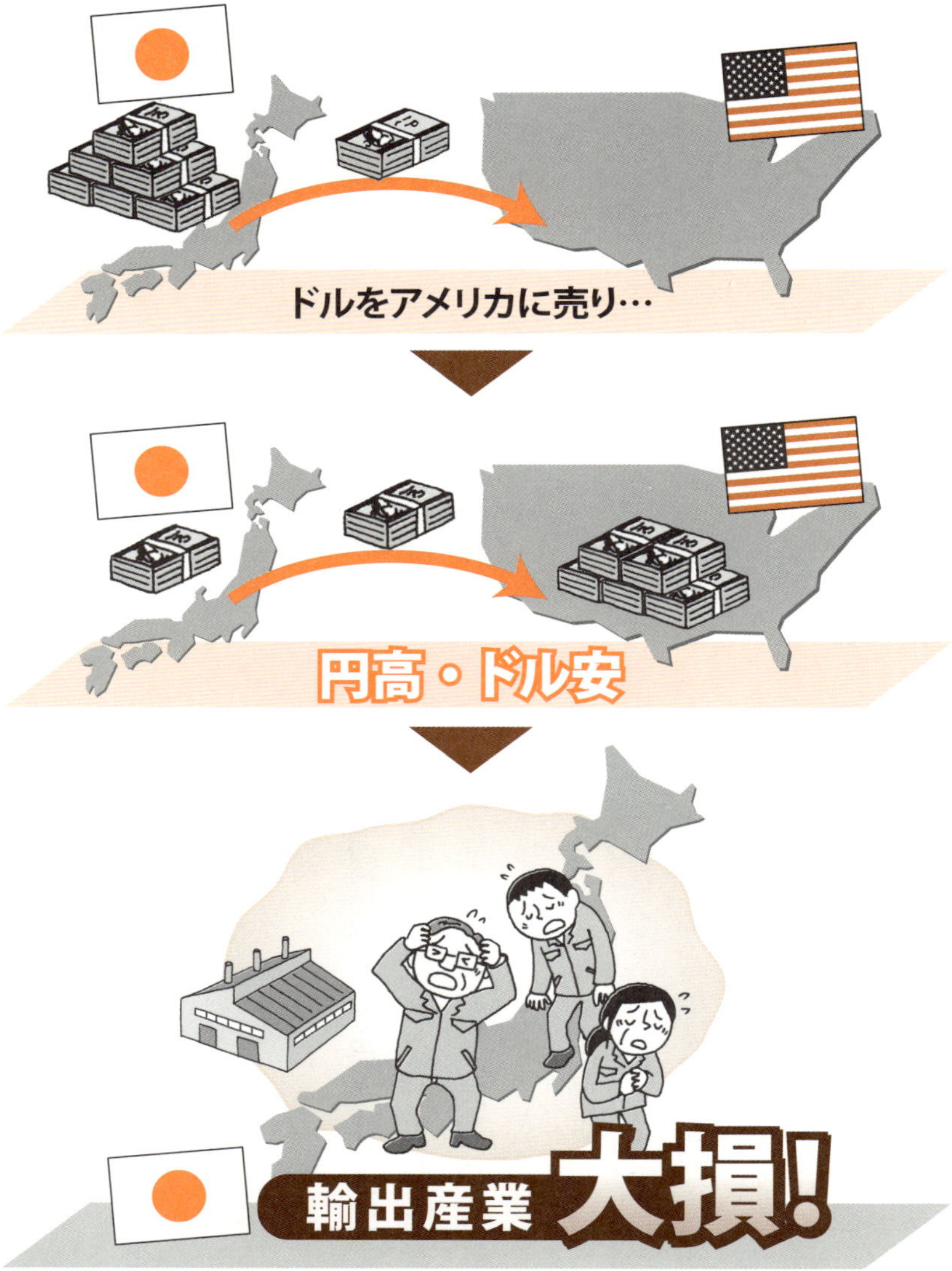

金利が下がって、企業にお金がまわった

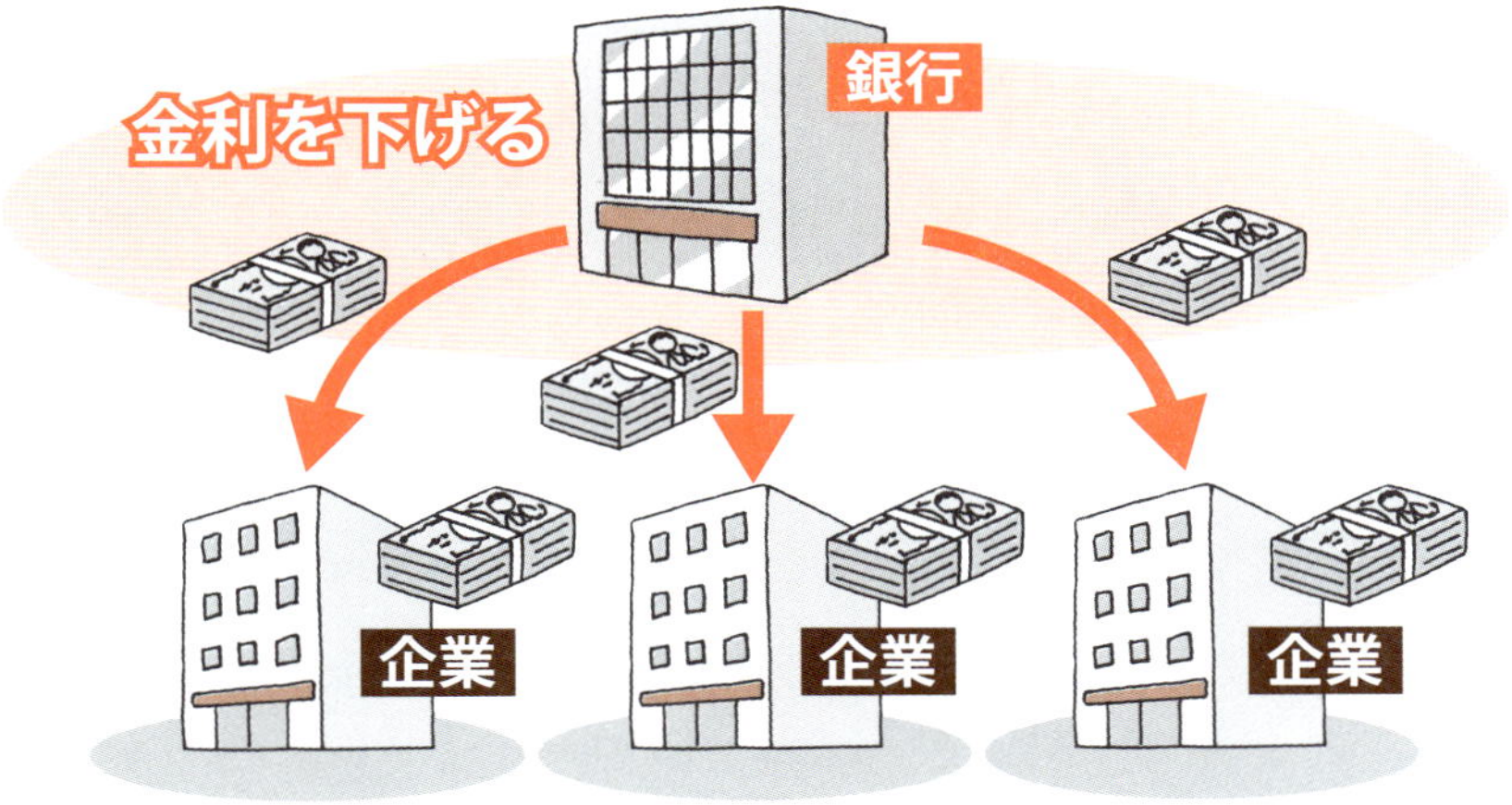

企業が借りたお金で土地を買いまくり

企業は新しい事業を始める代わりに、そのお金であるものを買ったのです。それが土地です。

まず低い金利で銀行からお金を借りて、これで土地を買います。すると、今度はこの土地を担保にまた銀行からお金を借りることができます。そのお金でまた土地を買うのです。多くの企業がこういうことをやるとどうなるか。土地の値段が上がり始めます。土地の値段が上がれば、持っている土地が高く売れるので、企業は労せずして大儲けできるわけです。

借りたお金で土地を買い、値上がりしたら売れば儲かる。こんな考えが日本で大流行しました。いわゆる財テクブームです。

円高で損した会社も、本業ではなく、土

お金を借りて土地を買う

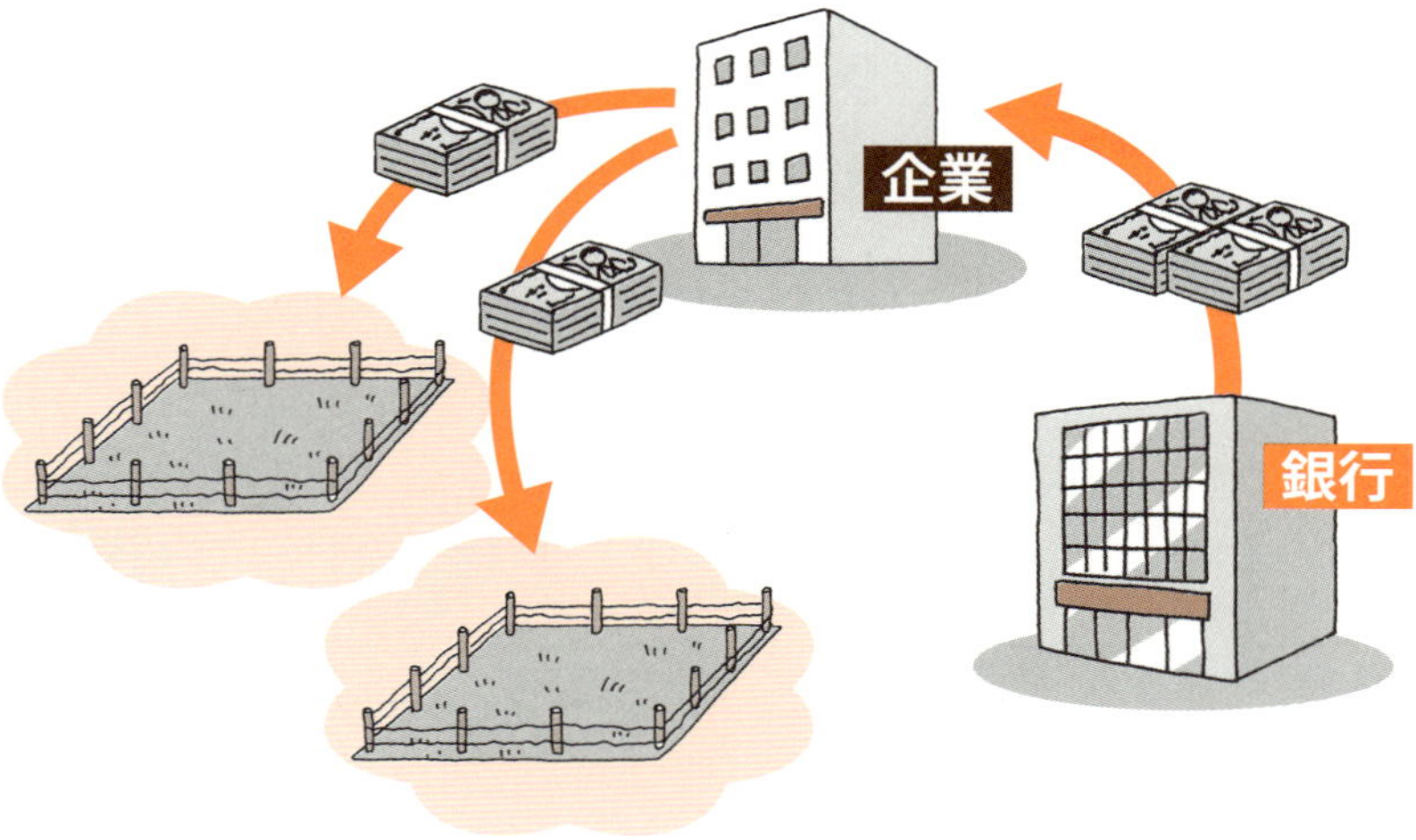

地の売買で大儲け。日本中の会社がどんどんお金持ちになっていきました。

NTT株の高騰で空前の株ブームに

さらに、一般の人の間でもこんなブームが起きました。電電公社（正式名称は日本電信電話公社）が民営化されてNTTになったのが1985年です。NTTは民間企業ですから株を売り出すことになりました。売り出された株は、あっという間に値段が2倍になりました。

それを見ていて、「株って儲かるんだな」と多くの人が思ってしまい、今度は空前の株ブームがやってきます。

家庭の主婦までが株を買うようになり、株式市場にお金が流れ込みました。当然、株価は上がってくる。そうすると、企業が銀行からお金を借りて株を買うようになり、これでまた株価が上がります。買った株を担保にまた銀行から借りて、さらに株を買う。あるいは土地を担保にお金を借りて株を買う。

こういうことをやって大儲けする人や企業が続々と出てきました。これがバブルなのです。

もっと単純な例で考えてみましょう。

たとえば、あるメーカーの靴が流行したとします。多くの人が欲しがるけれど、この靴は数が限られています。すると、多少高くても買いたい人が出てくるので、値上げしても買ってもらえます。だんだん値上がりしていき、そのうち本来の値段よりも驚くほど高くなってしまう。これがバブルです。

商品がたくさん作られて、みんなに行き渡れば、欲しがる人がいなくなり、値段が下がるはずですが、土地はどうでしょうか。狭い日本、土地は限られているから値下がりするはずがない。そう信じられていました。売れば儲かるのだから、みんな借金してでも土地を買い求めたのです。

世の中にお金が回っている状態を「景気がいい」と言います。バブル時代は間違いなく景気がよかった。でも、長くは続きませんでした。

土地を買いにくくしたら倒産続出

バブルとは泡のこと。泡ってワーッと膨《ふく》れますが、ある時突然、パチンとはじけますよね。はじけた後になって、あれはバブルだったなとわかるのです。バブ

バブル崩壊のはじまり

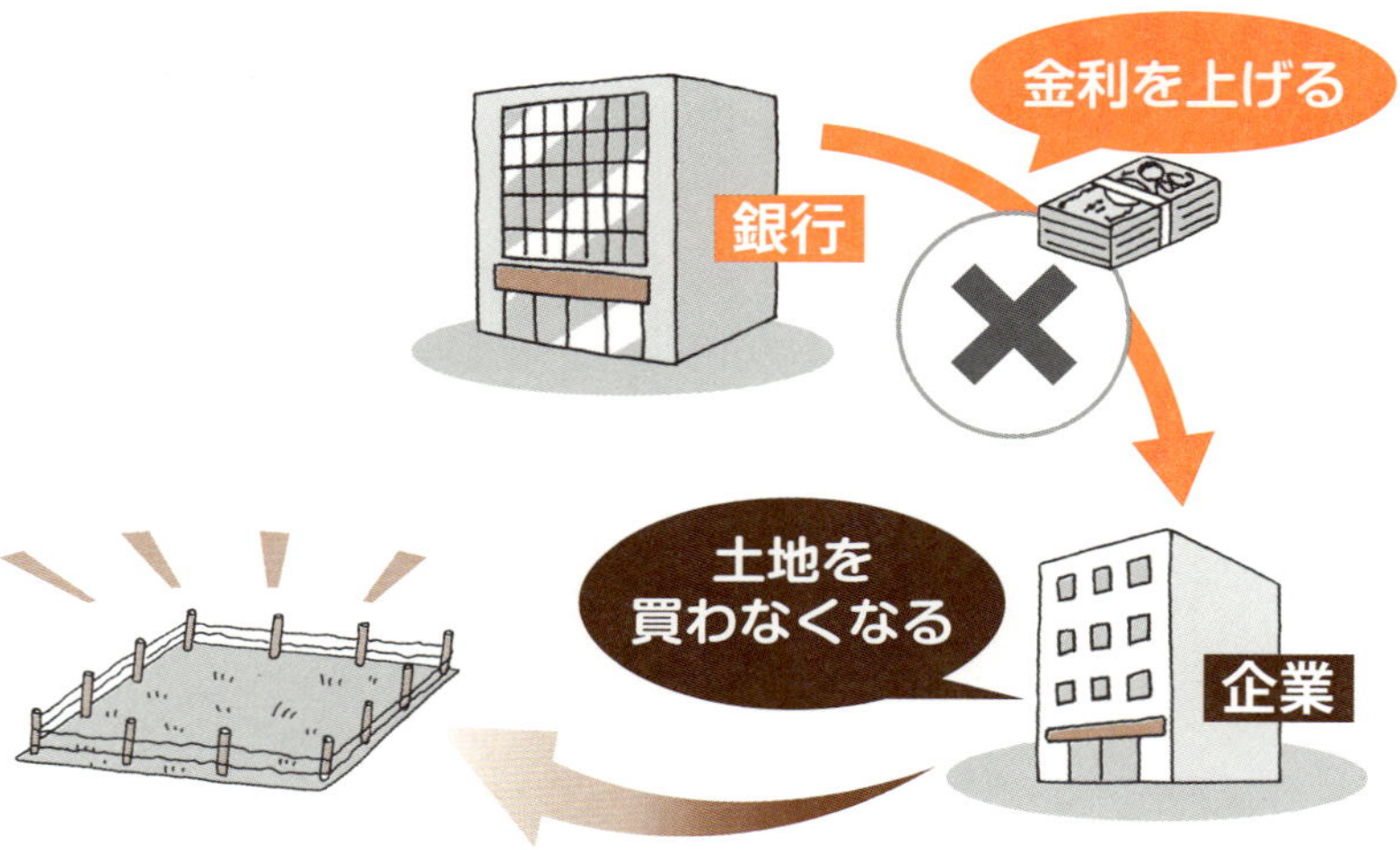

ルの真っただ中にいたときは、誰もバブルだなんて思いませんでした。空前の好景気とみんな思っていました。

ところが、土地の値段が上がり続けると、普通のサラリーマンにとっては困ったことになります。真面目にコツコツ働いても、一生の夢であるマイホームに手が届かないからです。サラリーマンの間で「マイホームが建てられないじゃないか」という不満が高まりました。

そんな声に応えて金利を上げるなどしたところ、一転してお金を借りにくくなり、多くの企業が土地を買わなくなりました。買い手がいなくなった土地の値段は下がります。でも、「土地の値段が下がってバンザイ！」とはなりませんでした。

土地の買い手がいないということは、売る側にとっては、土地を売りたくても売れないということです。土地を持っている企

バブル崩壊の仕組み

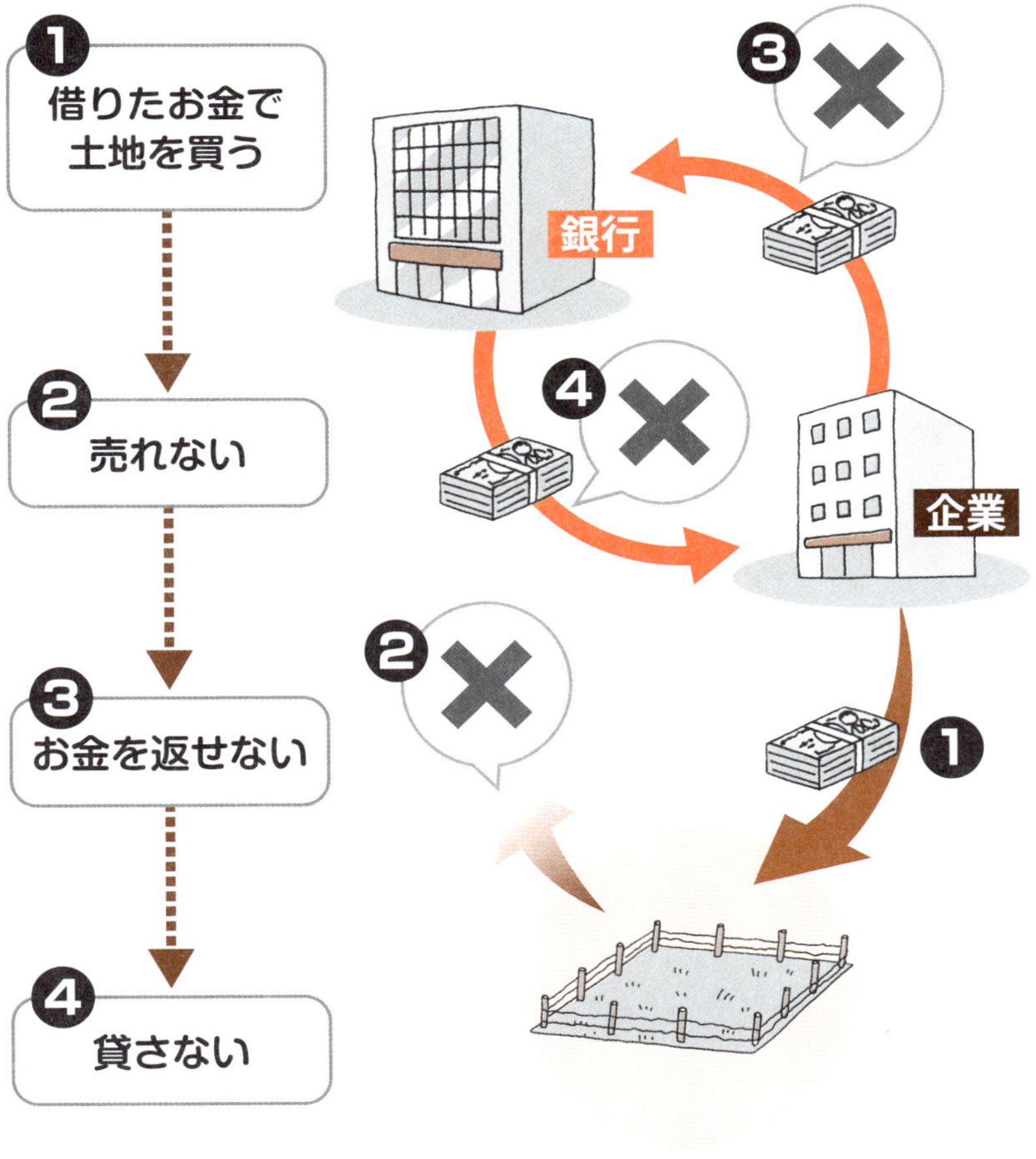

業は、もともと借りたお金で土地を買ったのに、売れないからお金を返せない。返ってこないから銀行はそれ以上、貸さない。借りられないから会社の業績が悪化。こうして倒産する会社が続出しました。これがバブル崩壊です。

バブルが崩壊して、お金の流れは止まってしまいました。これは「景気が悪い」ということ。

それ以降、景気はなかなか回復せず、「失われた10年」といわれたり、その10年がいつの間にか20年といわれるようになりました。

そろそろバブルが来るかも？

とはいうものの、景気の悪い状態があまりにも長く続いたので、いまやそんな言葉がピンと来ない世代が増えています。バブル時代を知らないために、なんとなくあこがれの気持ちを持つ人がいるかもしれません。

バブルがどういうものか知らない世代が増えてくると、何が起こるでしょうか。世界の歴史を見ると、ものすごく大きなものから小規模なものまで含めて、だいたい30年から40年間隔でバブルが起きています。

バブルでいい思いをした人がいる一方、ひどい目に遭《あ》った人もいるわけです。そういう人たちが経済の中心にいる間は、もう二度とバブルが起きないようにしようと注意しているので、バブルは起きません。ところが、30年から40年もすれば、そういう人たちは社会から退場していきます。やがてバブルを知らない世代が中心になってくると、「昔は良かったらしい」ということで、ついまたバブルが生まれてしまうのです。

リーマンショックで日本経済はどん底に

バブルが崩壊してから十数年後、やっと良くなり始めた日本経済を、再びどん底に突き落とすような出来事が起きました。それが2008年のリーマンショックです。

バブルは日本国内のブームだったので、その影響も基本的には国内で収まりましたが、リーマンショックはアメリカで発生し、世界中をパニックに陥れました。

リーマンショックがどれほど大変なことだったか、結構、最近のことなのに、なんとなくしか知らないのではありませんか。これがどういうことなのか、よく見ておかないと今後も似たようなことが起きるかもしれません。

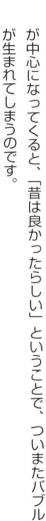

今、日本で派遣労働者の増加が問題になっているのも、リーマンショックと関係があります。リーマンショックの意味を知れば、今の日本が見えてきます。

やはり不動産ブームがきっかけ？

きっかけはアメリカで住宅ブームが起きたことです。低所得者向けの住宅ローンが生まれました。低所得者ですから、ひょっとするとお金が返ってこないかもしれない。そのためにわざと高い金利でお金を貸します。高い金利で貸せば、一

日本とアメリカでは、住宅資金の借り方に違いがある

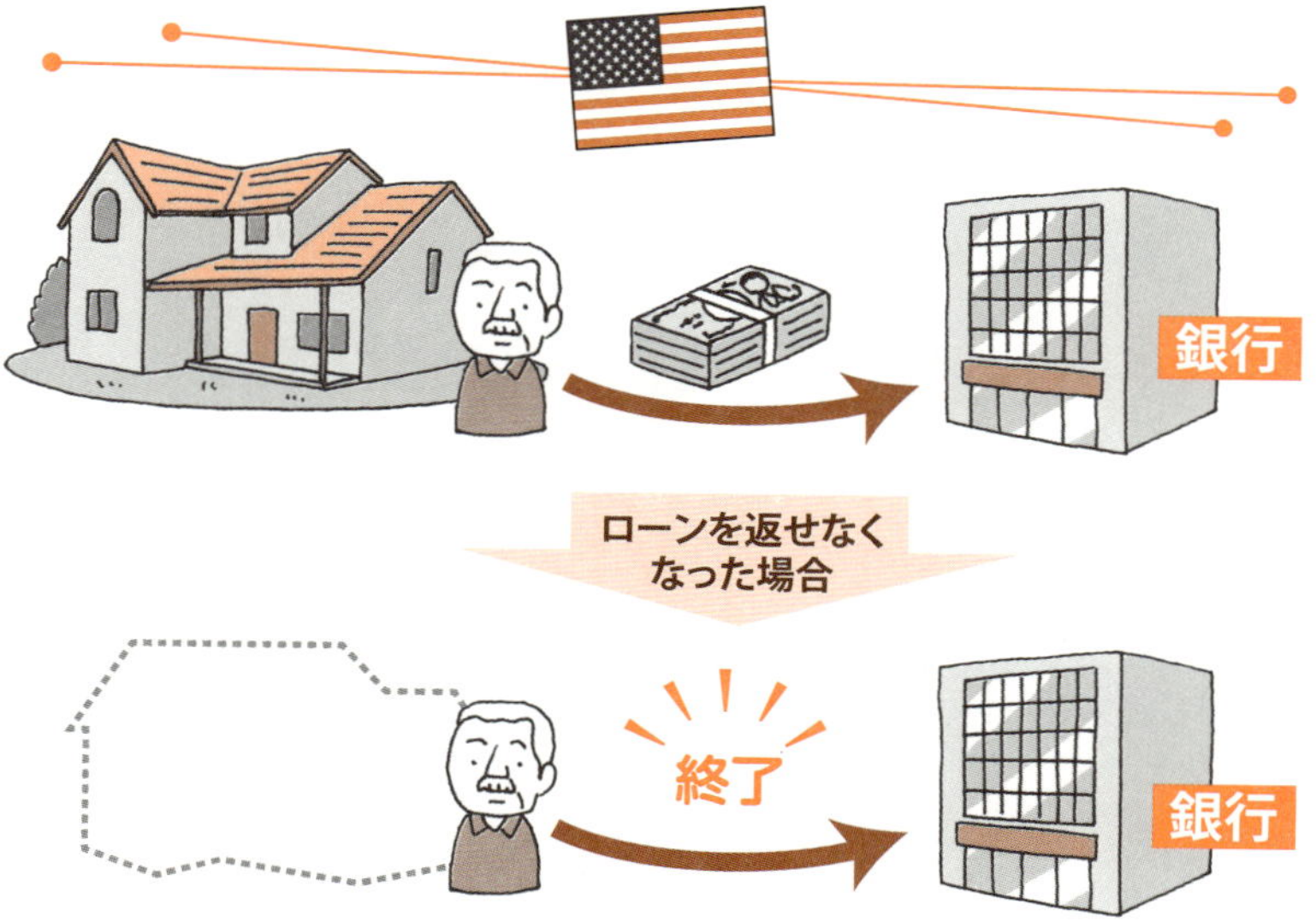

定の割合の人が返せなくなっても、残りの人が払ってくれれば利益があがるという計算をして、多くの人に貸し付けました。

ここで注意しなければならないのは、日本とアメリカでは、住宅資金の借り方に違いがあることです。住宅ローンで家を建てるとき、日本の場合、返せなくなると土地と建物は全部取り上げられてしまいます。それでも返せなかったら、残った借金を返し続けないといけませんね。そのため、住宅ローンを借りるのに非常に慎重になります。

ところが、アメリカの場合、返せなくなったら、土地や建物を返せばそれでおしまいです。借金返済に追われることはありません。広大なアメリカには土地がたくさんあります。土地よりも建物の方が高いことが多く、しかも日本と違って、その値段は中古でも下がりにくいという特徴があります。建物自体に資産価値があるため、家を手放せば残りのローンは払わなくてもいい仕組みなのです。

そこで、低所得者でも気軽にローンを組んで、どんどん住宅を買いました。その結果、住宅や土地の値段が上がり始め、日本のバブルと似たような空前の住宅ブームがやってきます。でも、長くは続きませんでした。まもなくバブルがはじけて、アメリカ社会は大混乱に陥りました。

「お金を返してもらう権利」を世界中に売った！

アメリカで起きた住宅バブルの崩壊。それが世界中に影響を与えたのはなぜな

住宅ローンの債権を世界中に売った

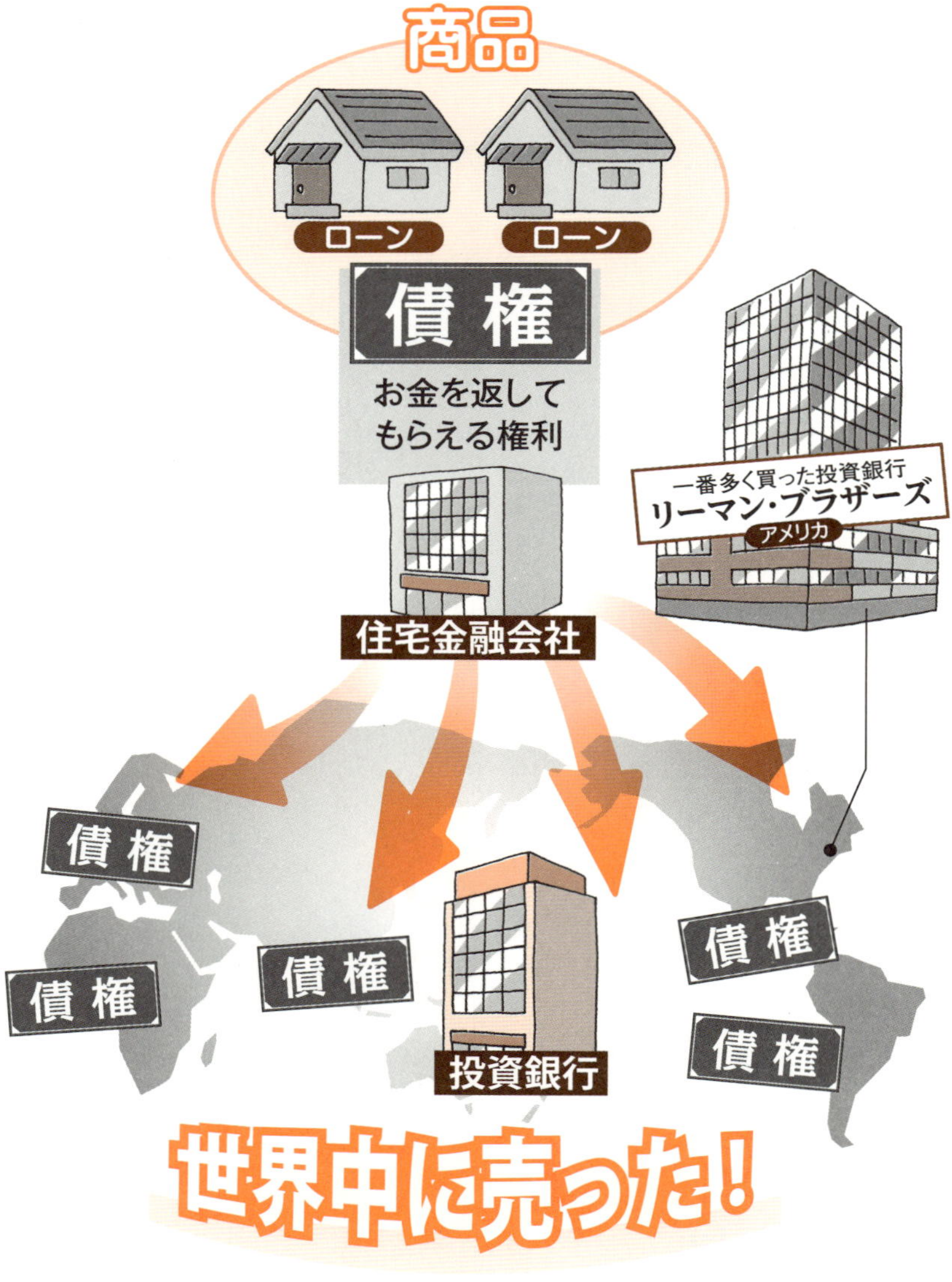

のか。そのカラクリを説明しましょう。

住宅金融会社は低所得者に高い金利でお金を貸すので、返してもらえないリスクがあります。リスクを避けるにはどうしたらいいか。リスクを手放してしまえばいい。では、どうやって手放すのか。

住宅ローンとは、お金を貸した側から見れば、お金を返してもらう権利のこと。つまり債権です。住宅ローンを貸した住宅金融会社には、この債権が集まってくるので、これを売ってしまえばいいのです。

金融の世界では、権利も商品として売り買いできます。お金を返してもらう権利も立派な商品。返してもらえないリスクはあるにせよ、返ってきたときの儲けは大きいので売れるわけです。

住宅金融会社はその権利を世界中に売りました。これを一番たくさん買ったのが、アメリカの投資銀行、リーマン・ブラザーズという会社でした。ちなみに、投資銀行といっても、日本ではなじみがありませんね。どちらかというと証券会社に近い性格を持っているので、日本では「大手証券会社」と呼ぶことが多いようです。

不安が金融パニックを引き起こす！

そうこうするうちに、住宅バブルがはじけます。こんなに住宅が売れるのはおかしいねとなって、みんなハッと正気に返りました。上がり続けていた土地や建お金の流れが止まってしまった！

物の価格が、みるみる下がっていきました。

値上がりすると信じていたのに、値下がりしてしまった。予想外のことに直面すると人は不安になり、何もかも信じられなくなっていきます。その不安が金融パニックを引き起こしました。

土地や建物の値段が上がることを見越してお金を借りていた人たちが、お金が返せなくなります。そうなると、お金を返せない人から取り上げた土地・建物は売却されますが、価格が下がっているので、なかなか売れないか、売れても低い金額でしか売れません。「お金を返してもらう権利」としての債権の価値は、当然、暴落してしまいます。

「低所得者向けの住宅ローンをもとにした債権は、ほとんど紙くずのように値が下がっているだろう。ということは、この債権をたくさん持っているリーマン・ブラザーズは大損しているのではないか」

このような不安が広がった結果、リーマン・ブラザーズには誰もお金を貸してくれなくなるのです。リーマン・ブラザーズは倒産に追い込まれます。

その影響はまたたく間に世界に波及しました。

「リーマン・ブラザーズのような大手の会社ですら倒産してしまった。じゃあ、うちが付き合っているあそこの銀行は大丈夫だろうか」

こういう不安が一気に広がり、その結果、お金の流れがストップしてしまいます。

派遣社員

◆契約期間がある

◆バブル崩壊後、景気対策として規制を緩和

年越し派遣村

共同通信

お金の流れとは、人体にとっての血液のようなものです。それが止まってしまったので、世界的に景気悪化が広がりました。これがリーマンショックということになります。

円高になり、派遣切りが問題に

リーマンショックでは世界中の投資家が不安になり、持っている資産を安全なお金に変えようと考えました。当時、世界で一番安全なお金は円です。リーマン・ブラザーズ倒産の衝撃が一番少なかったのが、先進国の中では日本でした。そこで日本の円が一番安全だよねということで、みんなドルやユーロを売って円を買うという動きが一挙に出ました。

これでひどい円高になり、日本の輸出企業は大きな損失を出します。派遣切りが広まったのは、それからです。

こんなことが当時、ニュースになりました。それが年越し派遣村。派遣社員は契約期間が終われば雇用は終了となります。わざわざ「クビにします」と言う必要はないのですね。そのため、契約が更新されず、突然仕事がなくなってしまった派遣労働者が大量に出てきました。

派遣労働者は、住む場所を斡旋《あっせん》してもらっていることもあります。となると、契約が終わった瞬間、「アパートから出てください」と言われてしまう。仕事もなくなり、住む場所もなくなった人たちが路頭に迷い、これを何とかしようとして、日比谷公園でせめて年越しができるようにという炊《た》き出しが行われました。これが年越し派遣村です。

リーマンショック以降、日本ではこの派遣切りが大きな問題になりました。

悲劇は繰り返される？

今も、特にアメリカの金融機関は、少しでも利益をあげるにはどうしたらいいかと、高い金利のものを目をこらして探しています。でも、高い金利ということは、返してもらえないリスクがあるから高いのです。そういう高いものを見つけては、それを新たな金融商品にして売り出すということを、今もアメリカはやっています。

リーマンショックのような問題をよく知らないと、いずれまた同じようなことが起きるかもしれない。そのことをよく知っておいてほしいと思います。

Part 4

そうだったのか!!

北方領土問題

—日本とソ連、ロシアの間に、領土をめぐって
何があったか？ 基礎から知ろう—

日本人として知っておきたい北方領土問題の歴史

ロシアのプーチン大統領が来日し、安倍総理は地元、山口県長門市で首脳会談を行いました。大型の経済協力を進めて悲願の北方領土返還につなげたい考えですが、ロシアはしたたかです。一筋縄ではいきません。
返還交渉は今がチャンス？　本当に返ってくるの？　そもそもなぜロシアが支配しているの？　よく知らない世代も増えている今、日本の領土だからこそ、これくらいは知っておこう。

北方領土問題の理解度チェック

★★★★★

いきなり難しいかな？

北方四島の面積

Q 北方領土の4島は国後《くなしり》、択捉《えとろふ》、歯舞《はぼまい》、色丹《しこたん》。では、次のうち4島を合わせた面積が一番近いのはどれ？

① 東京都　② 京都府　③ 千葉県

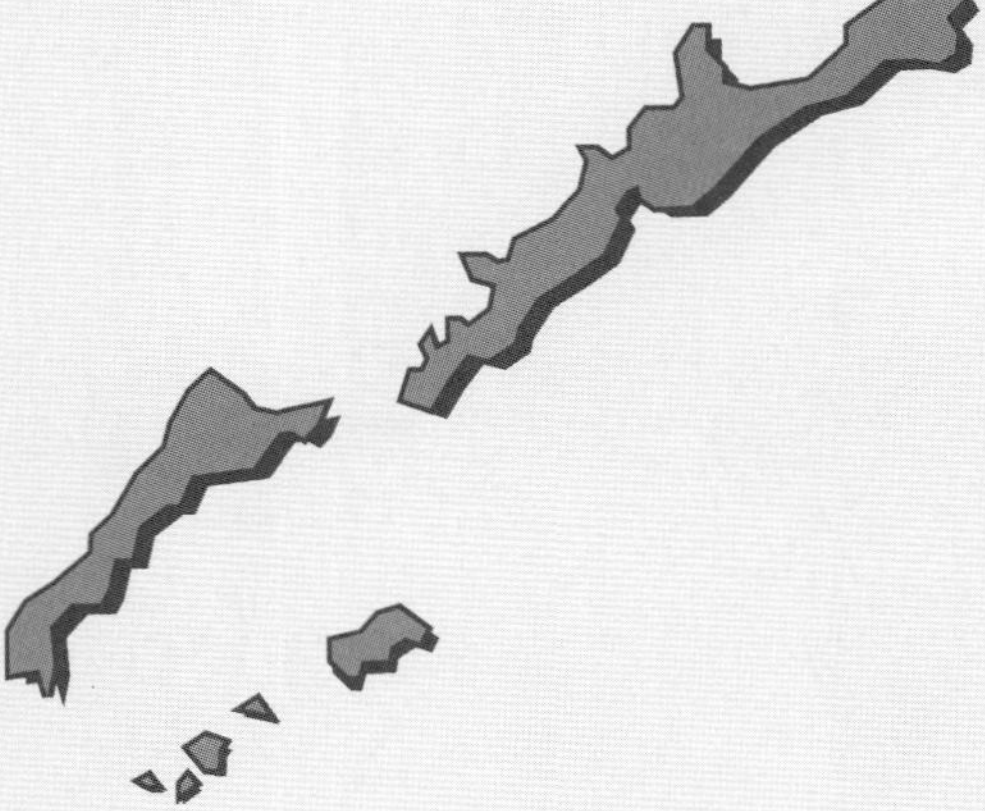

A
③ 千葉県

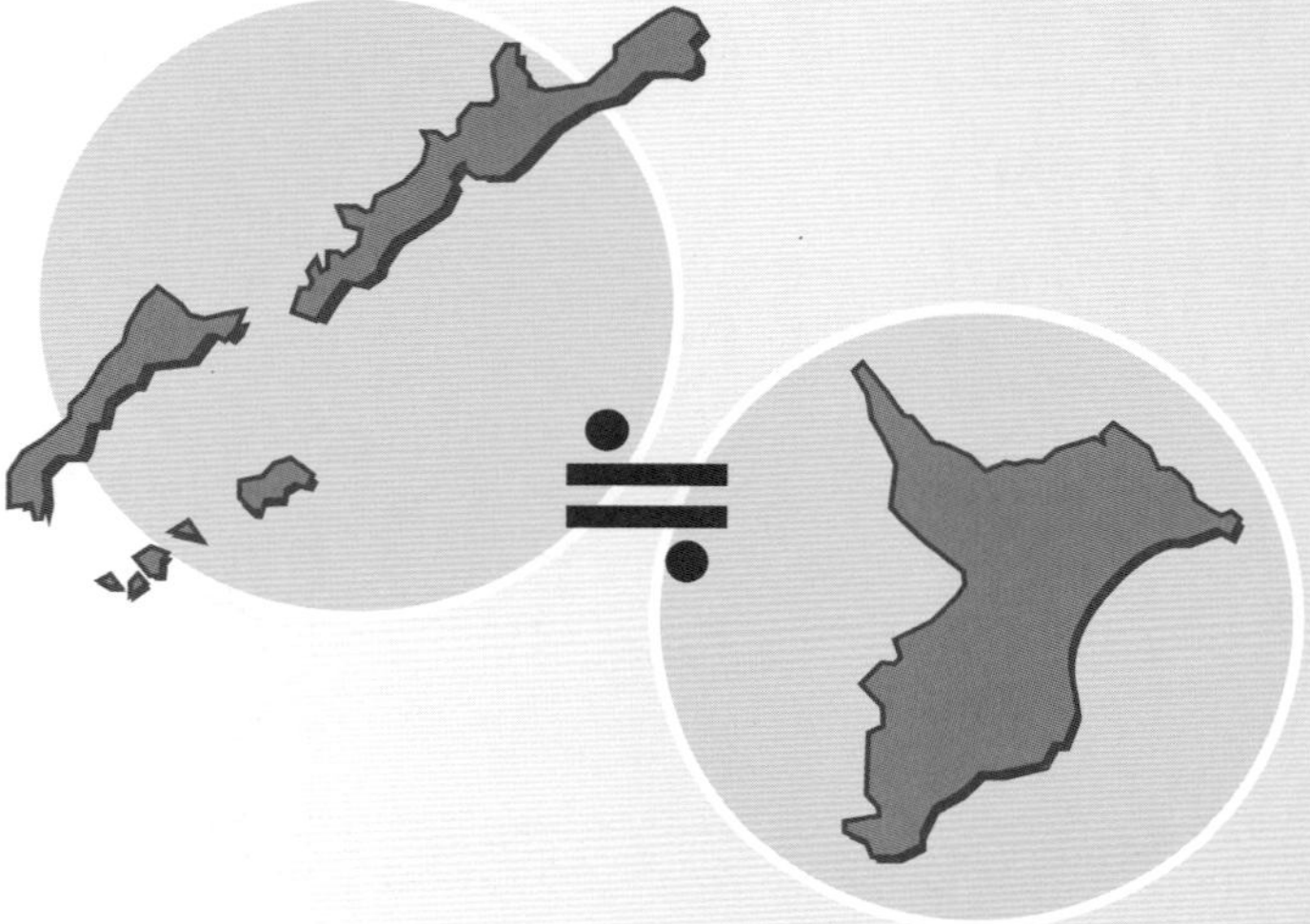

北方四島の総面積は約5000平方キロメートル。東京都の2倍以上、京都府よりやや大きく、千葉県と同じくらいです。

北方領土問題の理解度チェック

★★★★★

基本です

日本とロシアの国境

Q 江戸時代末、日本とロシア帝国は条約を結び、択捉島《えとろふとう》と○○列島の間に国境線が引かれました。漢字2文字でどうぞ。

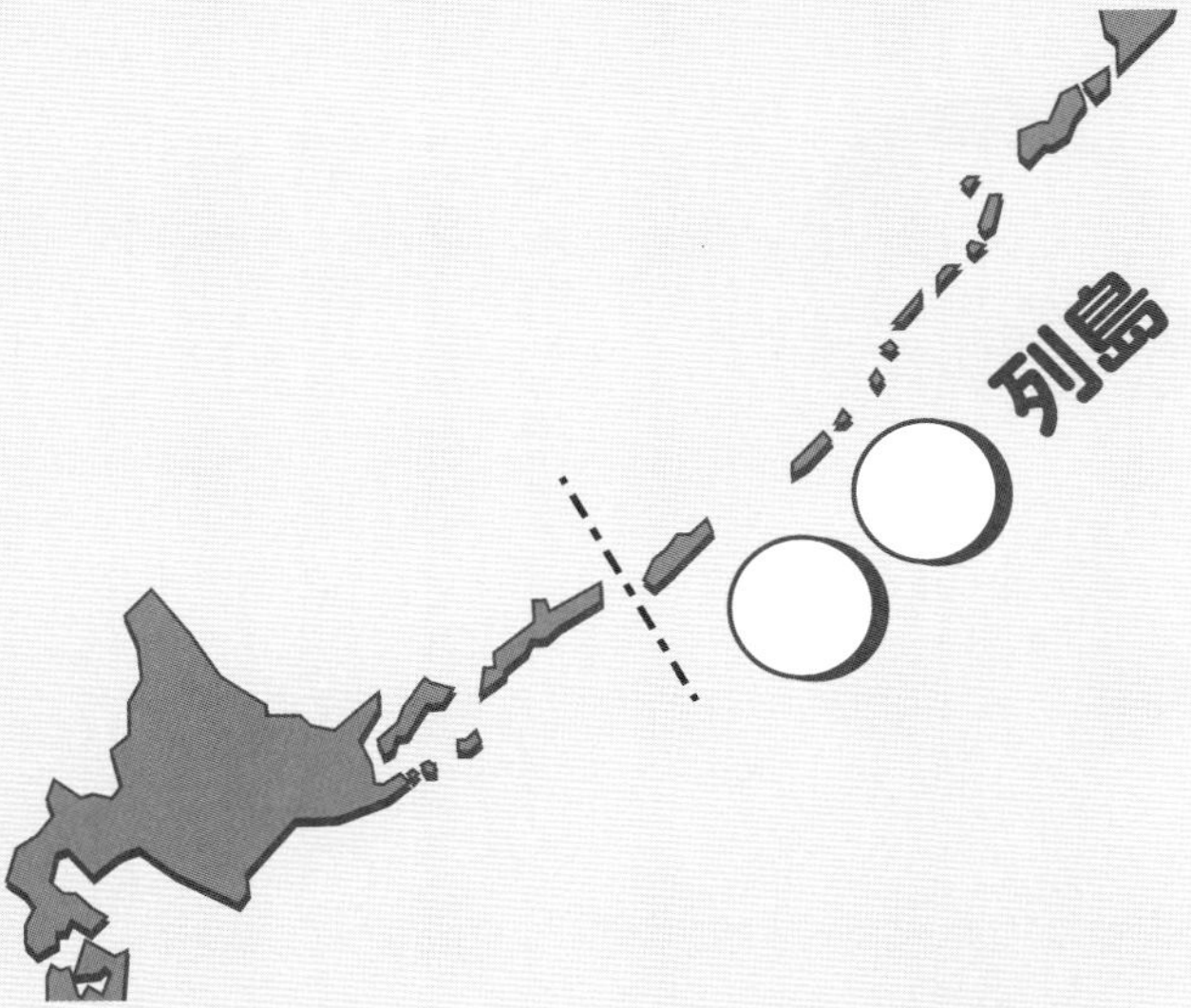

A

千《ち》島《しま》

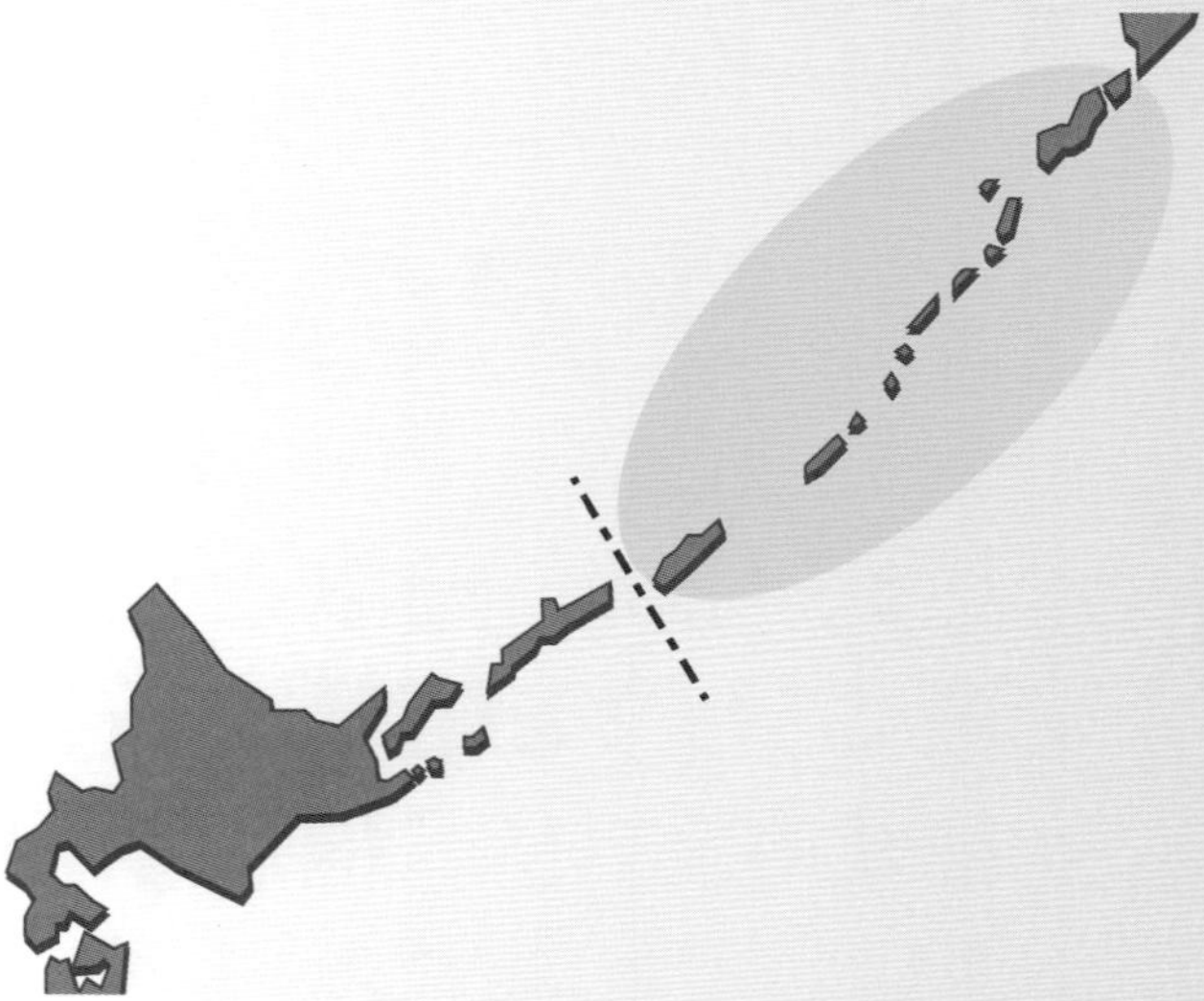

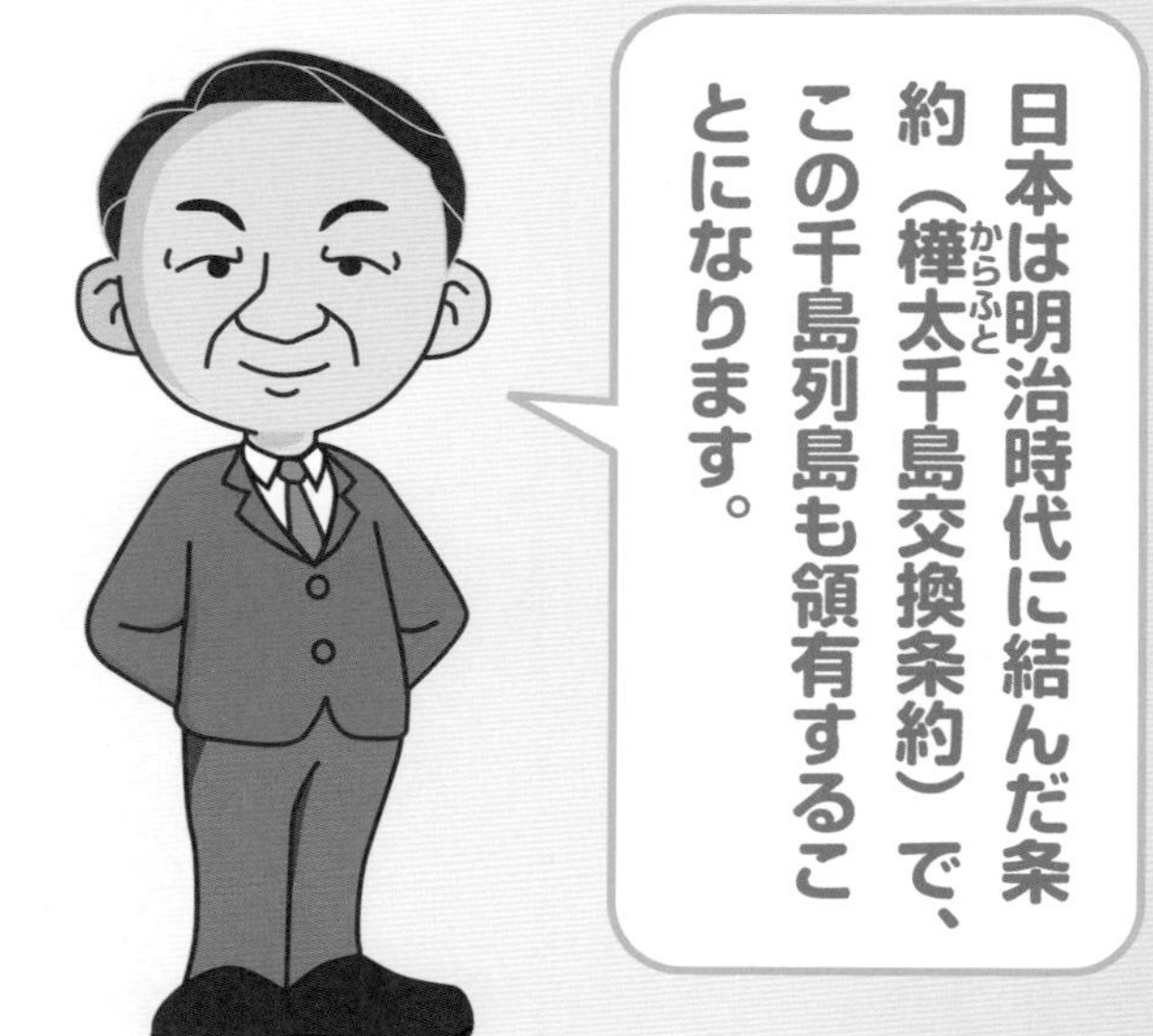
日本は明治時代に結んだ条約（樺太《からふと》千島交換条約）で、この千島列島も領有することになります。

そうだったのか!!

北方領土問題の理解度チェック

★★★☆☆

これは大事

領土返還交渉

Q 1956年、北方領土返還のチャンスが訪れます。この時、ソ連を訪問して「日ソ共同宣言」に調印した総理大臣は？

① 鳩山一郎
② 田中角栄
③ 岸信介《きしのぶすけ》

鳩山一郎

共同通信

田中角栄

岸信介

A ① 鳩山一郎

鳩山一郎

共同通信

鳩山総理は難しい交渉の末、ソ連との国交回復を実現しました。でも、領土返還交渉は道半ばで終わったのです。

北方領土問題の理解度チェック

★★★★★

これがわかればニュース通

手ごわいプーチン

Q 柔道家のプーチン大統領は、北方領土問題を○○○○で解決しようと言っています。○に入る言葉は何？（ヒント・日本語です）

○○○○

A 引き分け

引き分けとは、言葉を換えれば「4島を全部返せ」という日本の要求は受け入れられないということ。さて、あなたはどう考えますか？

おさらい

- ロシアも日本固有の領土と認めていた　詳しくは P.132
- 返還交渉の歴史は？　詳しくは P.138
- 安倍・プーチン会談でこれからどうなる？　詳しくは P.146

チェック項目から、北方領土問題の経緯や返還交渉の歴史、最近の動きなどがわかる！

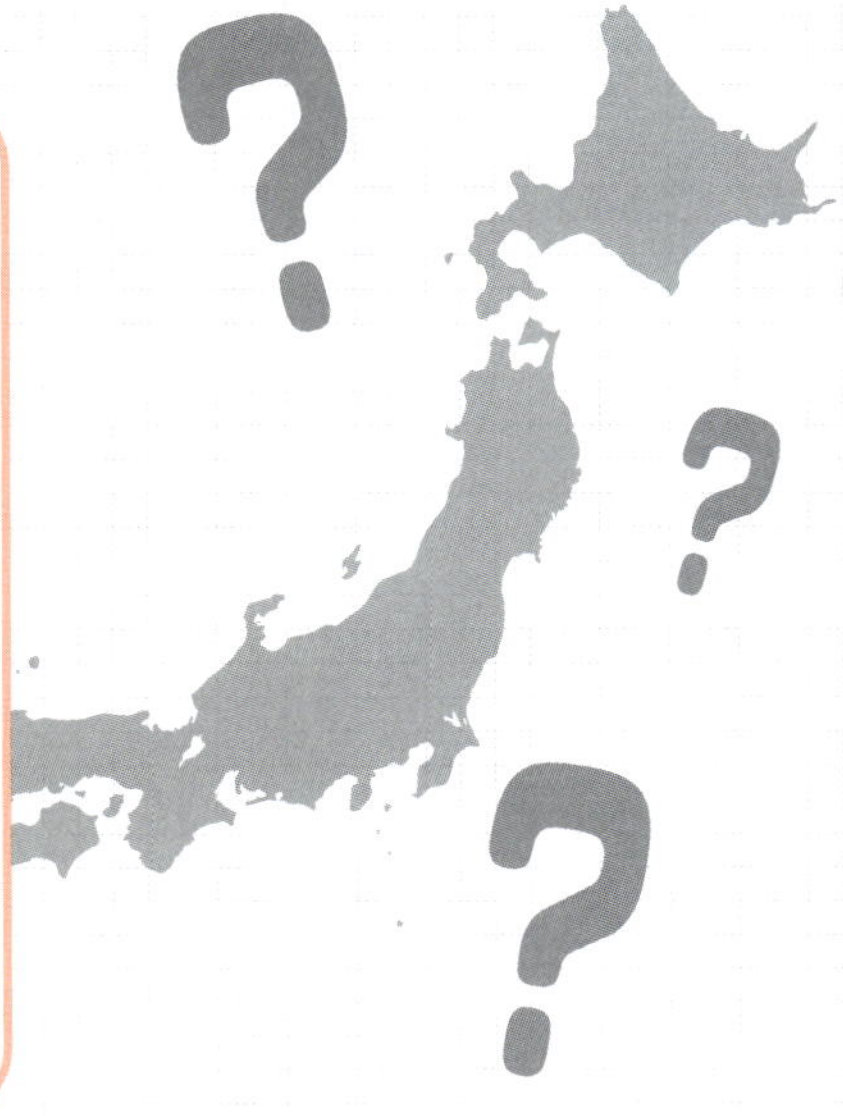

プーチン大統領来日で「重要な一歩」

安倍総理は就任以来、ロシアのプーチン大統領と何度も会談をしてきました。２０１６年には合計４回の首脳会談を行い、４回目はプーチン大統領が来日して、安倍総理と山口県長門《ながと》市及び東京で会談を行いました。

その結果、北方領土に元島民の人が行きやすくすることや、日本とロシアの会社が共同で経済活動をしていこうということになりました。

しかし、領土問題については話が進みませんでした。

ロシアの保養地で日ロ首脳が非公式会談

それでも日本とロシアの関係が大きく動き出したのは、16年5月6日の非公式会談からです。この時、安倍総理とプーチン大統領の1対1の会談を含め、双方の話し合いは3時間を超えました。

でも、なぜ非公式会談なのでしょうか。公式ではなく非公式という言い方をしていました。それにはどんな事情があったのか。

実は、アメリカに遠慮したのです。アメリカとしては、日本とロシアが親しく話をするのは面白くないわけです。ロシアがウクライナの領土であるクリミアを強制的に併合して大問題になりました（２０１４年３月）。それに対して経済制裁をかけて、「みんな、プーチン大統領とは会わないようにしよう」と言ってい

アメリカの目を気にして、非公式会談

2016年5月6日(共同)

るのに、安倍首相が会おうとするので、オバマ大統領（当時）は機嫌が悪いわけです。

そこで、首都モスクワではなくて、わざわざロシアの保養地、ソチで会っています。モスクワで公式会談を行うとアメリカを刺激することから、あくまで非公式ですよという形をとりました。

公式の首脳会談の場合、会談後に共同声明を発表するのが普通です。共同声明が出ないと、「話し合いがうまくいかなかったんだな」と言われてしまいます。となると、無理にでも共同声明を出さなければいけない。そうすると、今度はそれぞれの言い分を盛り込もうとして対立してしまうのです。

非公式ならば、そんな声明を出す必要はありませんから、ざっくばらんに話ができます。「ここだけの話」ということで、内々の話もできるわけです。

北方四島ってどんな島？

安倍総理がアメリカの機嫌を損《そこ》ねてまで直接会って話したかったこと、それが北方領土問題です。日本人としては北方領土のことはちゃんと知っておきたいですね。

まず基礎のおさらいから始めましょう。

教科書で習ったように、北方領土の4島とは、国後《くなしり》、択捉《えとろふ》、歯舞《はぼまい》、色丹《しこたん》のこと。

ただ、厳密にいうと歯舞は群島です。ここは小さな島がいっぱいあるので、全部

日本固有の領土、北方四島

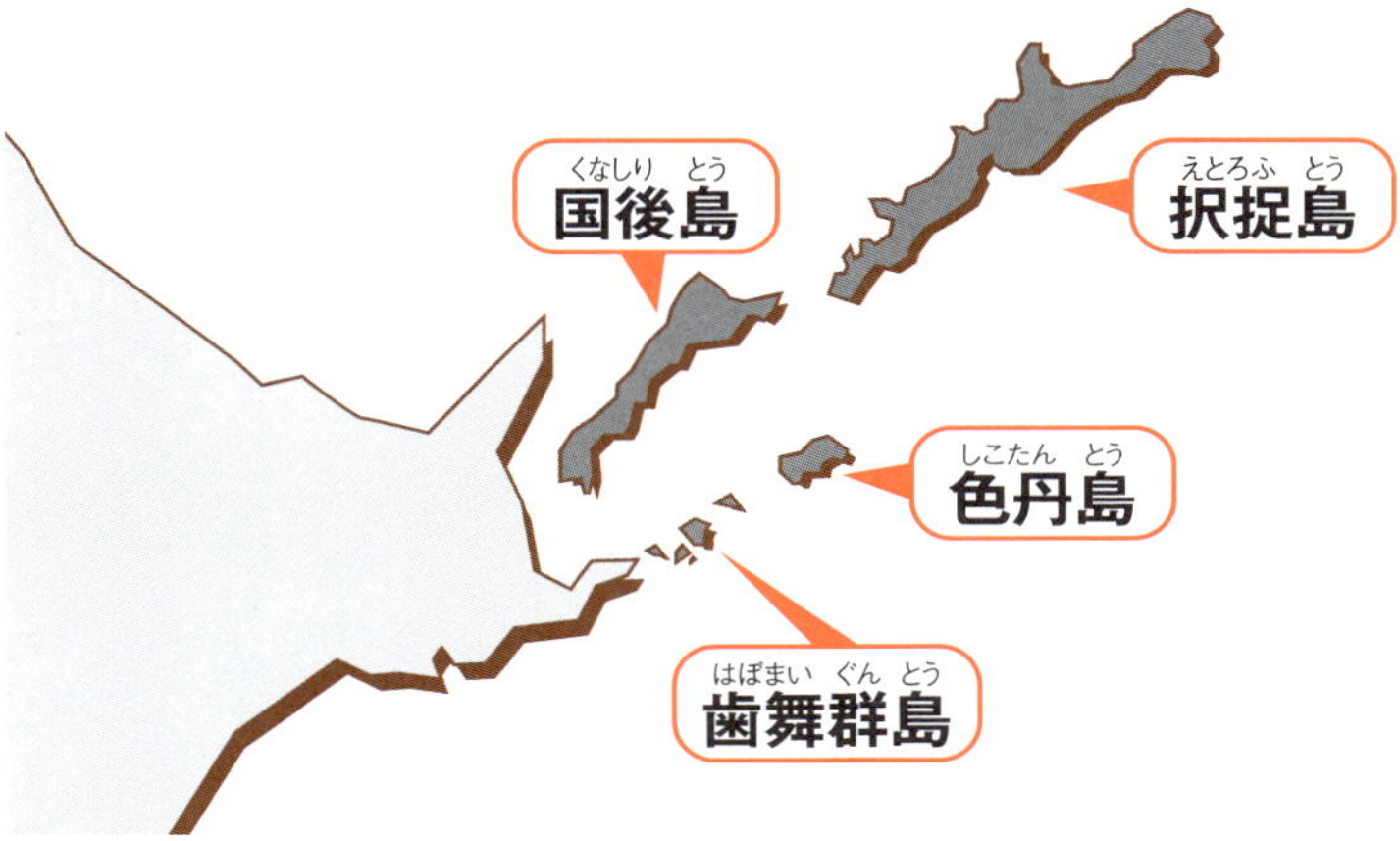

合わせた数はもっと多くなるのですが、一般的に北方四島と呼んでいます。

この北方領土、日本は日本固有の領土だと主張し、ロシアは自分たちのものだと主張して争っている場所です。現在はロシアが支配しており、約1万7000人のロシア人が住んでいます（外務省HPによる）。面積は、全部合わせると千葉県と同じくらいの広さがあります。

付近の海は寒流と暖流がぶつかり合うところで、水産資源が豊富。日本人が大好きなカニがたくさんとれます。残念ながら日本の海なのに日本の漁船が近づくにはロシアの許可が必要です。ロシアの命令に従わないと銃撃されます。実際にロシア警備艇から銃撃されて、漁船員が殺される事件も起きました。

国後島や択捉島は火山が多いため、温泉が湧いています。

以前はロシアも日本の領土と認めていた

今から約1６０年前の1８５５年、日本とロシア帝国は国同士のお付き合いを始めましょうと条約を結びました。それが「日魯通好条約」です。当時はロシアのことを魯西亜、漢字一文字で魯と書いていました。

この時、択捉島と千島列島の間を日本とロシアの国境と定めています。樺太《からふと》（サハリン）については、日本人もロシア人も大勢住んでいたので、どちらの領土とも決めませんでした。

つまり、北方四島に関しては、すでに1８５５年の段階で日本の昔からの土地だとロシアも認めていたのです。

20年後の1８７５年、今度は「樺太千島交換条約」が結ばれます。文字通り、樺太と千島を交換する条約です。

樺太はどちらのものでもない混住の地ということでしたが、一緒に暮らしているとどうしてもいろいろなトラブルが起きます。ここはやはり境界をはっきりさせたほうがいいということになって、「樺太はロシアのものでいいですよ、その代わり、千島列島は日本にくださいね」という合意が成立しました。この時も、北方四島は日本の領土のままで変更はありません。

その後、日本とロシアが戦争をします。1９０４～05年の日露戦争です。これは中国東北部や朝鮮半島の支配権をめぐる戦争でした。日本はロシアに勝って領

「日魯通好条約」では、北方四島は日本の土地

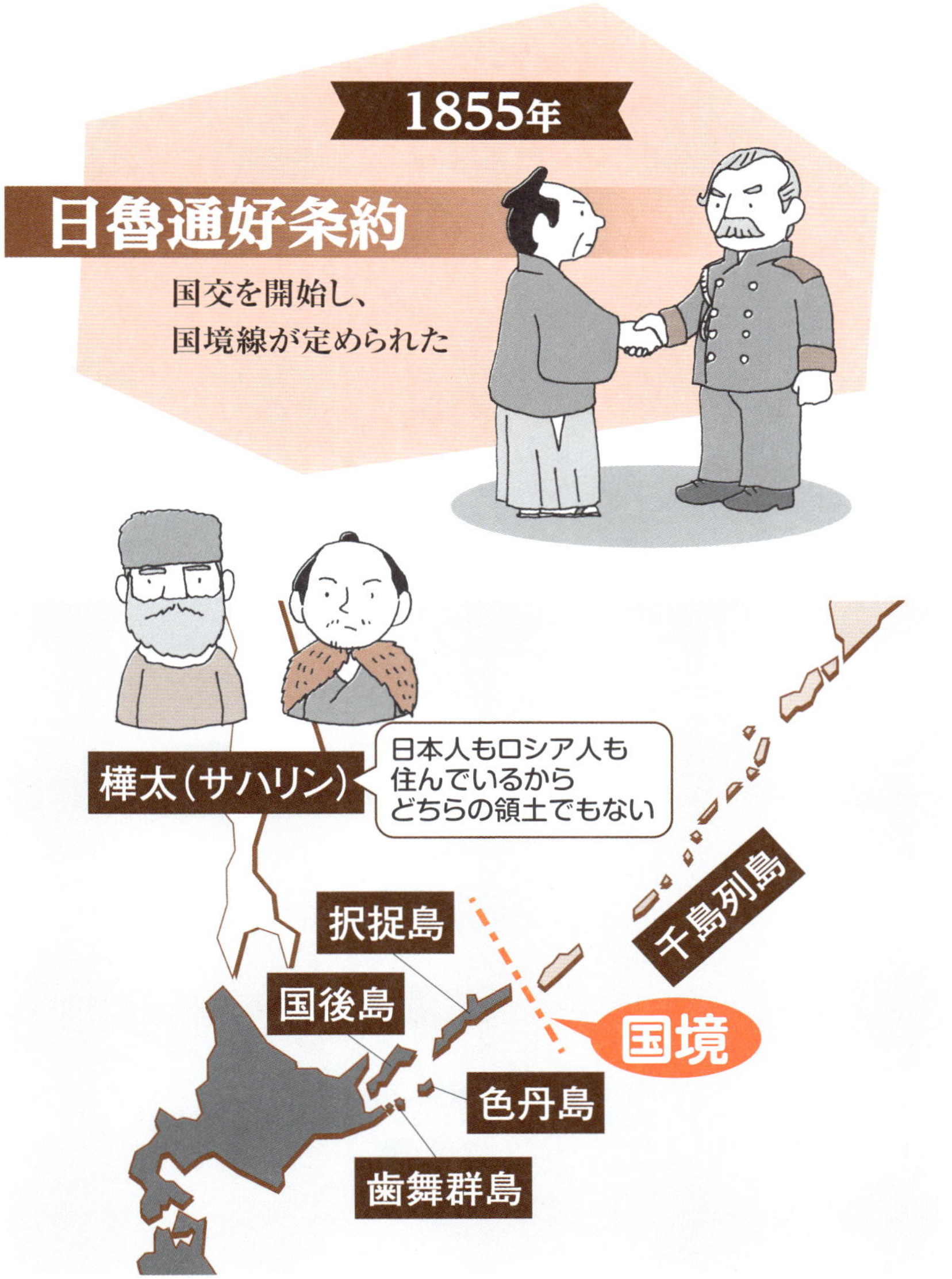

「樺太千島交換条約」「日露戦争」を経ても北方四島は日本の土地

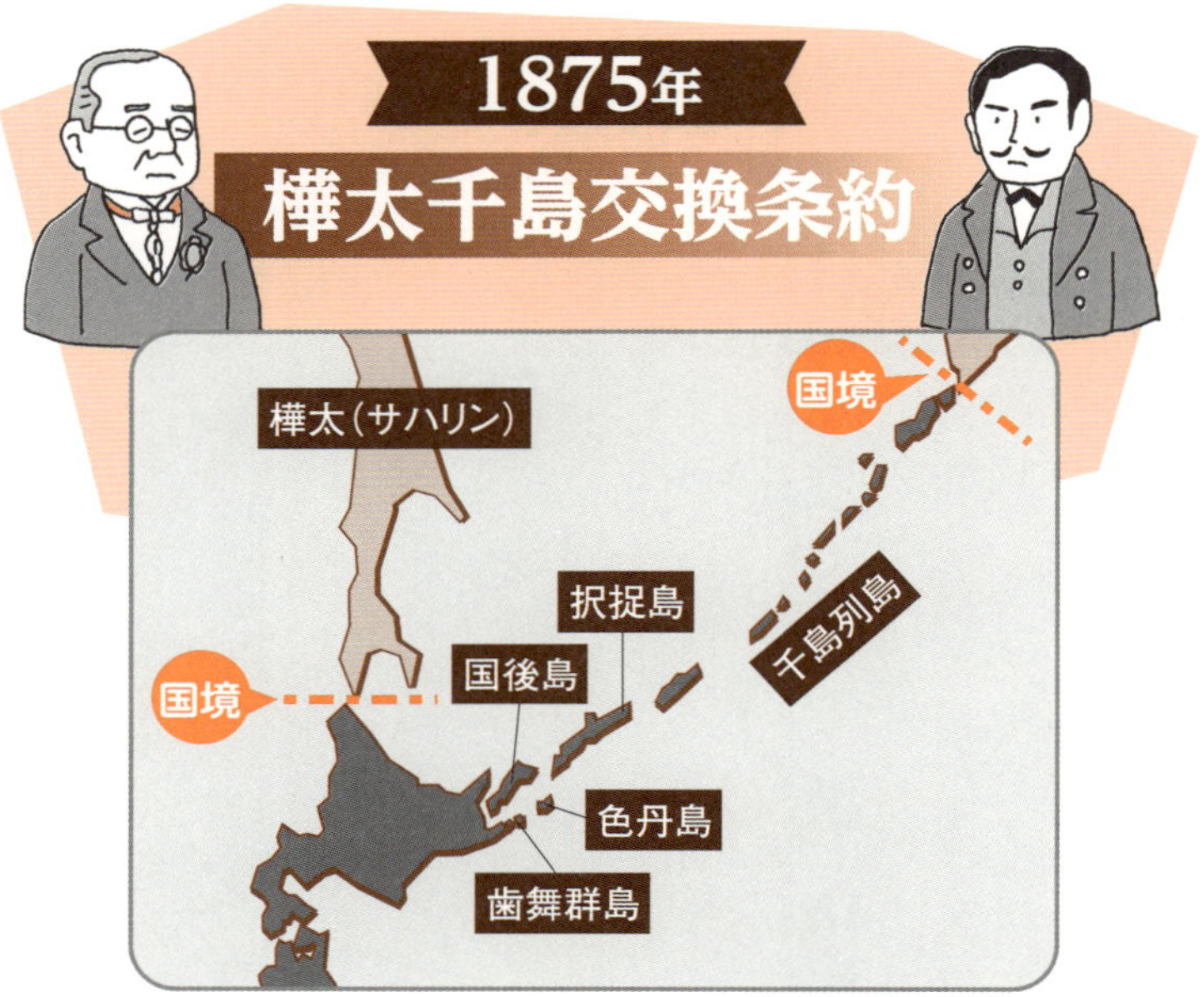

日露戦争(1904~05年)の結果

土を拡大し、樺太の南半分を自分のものにしました。この状態が第二次世界大戦まで続きます。

終戦のどさくさで占領された!?

ところが、1945年8月、信じられない出来事が起きました。日本は8月15日に玉音《ぎょくおん》放送で降伏を発表。日本ではこの日が終戦記念日とされ、多くの人が第二次世界大戦が終わったのは8月15日だと思っています。でも、ロシアの考え方は違います。日本が「もう戦争をやめました」と言っているのに、ロシア、当時のソ連は、そんなことにはお構いなく、一方的に攻めてきました。

ソ連が対日参戦したのは、日本が降伏する直前です。さらに、8月15日が過ぎてから、北から千島列島に攻め込み、一挙に南下してきました。また、南樺太を占領した軍隊が、北方四島に攻めてきました。ソ連軍は8月28日から9月5日にかけて北方四島を占領しています。

日本はルール違反だと言い続けていますが、ロシアにしてみれば、戦争が終わったのは9月2日。日本が降伏文書に調印したのは9月2日なので、その日までは戦争が続いていたというのがロシアの言い分です。

国際法上、第二次世界大戦は1945年9月2日に終わったとされています。ロシアはそれを盾《たて》にとって、それまでに取った領土は戦争で取ったものだから、ルール違反ではなく、返せないと言っているのです。

サンフランシスコ講和条約にソ連は参加せず

問題はさらにこじれていきます。

1951年、サンフランシスコ講和条約が結ばれました。これは戦争終結、領土の範囲、賠償《ばいしょう》について規定した日本と旧連合国との間の条約です。戦争に負けた日本は、この条約で国境を決められました。

千島列島に関しては、日本はこれを放棄すると宣言し、国境線は択捉島と千島列島の間に移りました。南樺太（南サハリン）も放棄したので、国境線は宗谷《そうや》海峡のところまで下がりました。

ところが、この条約にソ連は参加しませんでした。ソ連は国境を決めるための話し合いに加わらなかったため、日本とソ連の間で国境は確定していないというのが日本政府の立場です。

真っ向からぶつかり合う両国の主張

次ページの上の地図を見てください。日本で使われている地図では、千島列島と樺太南部は白くなっていて、どこの国のものとも示されていません。つまり、日本はここを放棄したけれども、ソ連、あるいはロシアと国境線をめぐる話し合いがついていないので、放棄した土地がどこの国のものかはまだ決まっていない。これが日本政府の考え方です。実際には、ここはロシアが占領しています。ロシ

日本とロシア、両国の主張

●現在、日本で使われている地図●

樺太(サハリン)
択捉島
国後島
千島列島
色丹島
歯舞群島

北方領土も放棄したはずだ!
終戦は9月2日!正当だ!
占領は8月15日以降不当だ!
固有の領土!放棄していない!

ア人が住んでいるのですが、日本の立場としてはそうなります。

さらに問題なのは、ロシアが「日本はサンフランシスコ講和条約で北方四島も放棄したはずだ」と主張していることです。日本が放棄した千島列島には北方四島も含まれるというのがロシア側の解釈です。この解釈を認めると、日本が返還を求める根拠はなくなってしまいます。

日本にしてみれば、北方領土は昔からの日本固有の領土。ソ連の占領は終戦の8月15日以降で不当だ。ロシアにしてみれば、日本が放棄した千島列島に北方領土も含まれる。終戦は9月2日なのだから、占領は正当だ。このように主張がぶつかり合って話し合いは平行線をたどってきました。

最初のチャンスは日ソ国交回復

長い間、解決されてこなかった北方領土問題。実は、戦後、さまざまな外交交渉が行われる中で、北方領土返還のチャンスは4回ありました。どんなチャンスだったのか見てみましょう。

最初のチャンスは1956年（昭和31年）に訪れました。当時、ソ連のトップはフルシチョフ第一書記、日本のトップは鳩山一郎総理。

フルシチョフが平和共存路線、つまり資本主義の国と社会主義の国が平和に暮らしていこうじゃないか、もう戦争するのはやめようという方針を打ち出したのです。日本との関係改善にも積極的になり、話し合いが行われました。

「日ソ共同宣言」に調印

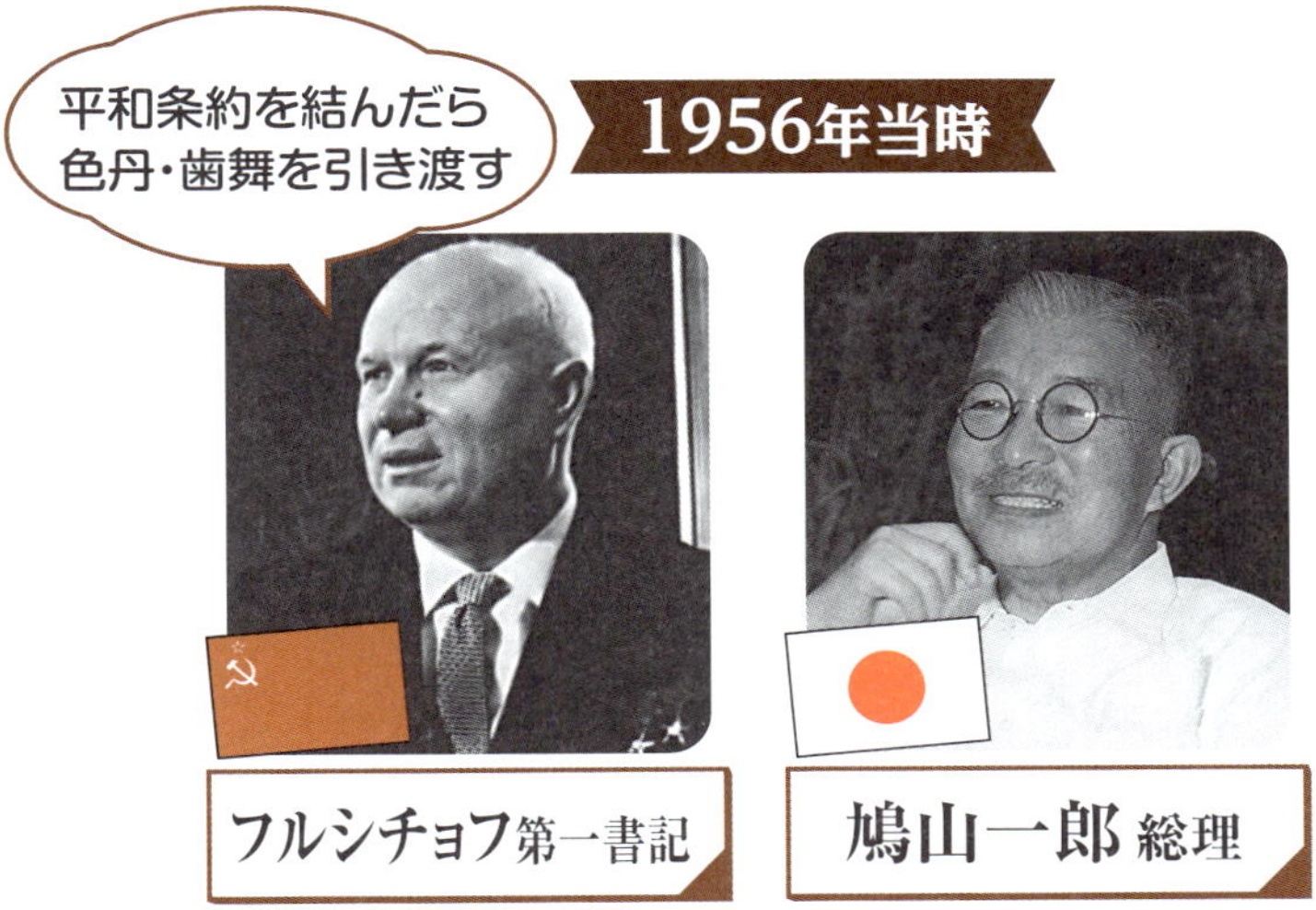
平和条約を結んだら
色丹・歯舞を引き渡す
1956年当時
フルシチョフ第一書記
鳩山一郎 総理

共同通信

その結果、日本とソ連は「日ソ共同宣言」に調印して国交を回復しました。しかし、平和条約は結ばれませんでした。

先ほど述べたように、ソ連はサンフランシスコ講和条約に参加しなかったので、日ソ間で平和条約を結んで領土について合意しない限り、本当の意味で戦争が終わったことにはなりません。この時は平和条約の話し合いをまとめることができませんでした。

「平和条約を結んだら歯舞・色丹を引き渡す」

ただし、フルシチョフ第一書記は「将来、平和条約を結んだら、4島のうち歯舞と色丹だけは引き渡す」と約束しました。「日ソ共同宣言」にはそういうことが書かれています。それまで全く話し合いができなかったのに、一挙にここまで話が進んだので、この調子でいけば少なくとも2島は返ってくるかなと期待が高まります。

しかし、結局、返還は実現しませんでした。そこには、ある国の存在がありました。両国の間に割って入ってきた国、それがアメリカです。

東西冷戦時代ですから、アメリカとしては、日本がソ連と仲良くなるのは面白くない。2島返還というソ連に有利な条件で平和条約を結ぶことに反対し、「それなら沖縄を返してやらないぞ」と圧力をかけてきました。

その後、1960年に日本はアメリカと新日米安全保障条約を結びました。アメリカ軍が日本に駐留を続け、日米が軍事的に一体となることにソ連は強く反発します。そんな国に北方領土を渡せるかということで、一気に関係が冷却してしまいました。

互いに譲らず、二度目のチャンスはご破算に

再びチャンスが巡ってきたのが1973年（昭和48年）です。前の年、アメリカから沖縄が返還され、南の次は北だと日本中が沸き上がっていました。一方、ソ連は中国と激しく対立、ニクソン米大統領の訪中や日中国交正常化による日米中の包囲網に焦り、日本との対話に乗り出しました。

当時、ソ連のトップはブレジネフ書記長です。日本は田中角栄総理。どちらも剛腕といわれた強いリーダーです。

ブレジネフ書記長は絶対的な力を持っていましたから、この人が「こうする」

アメリカの介入

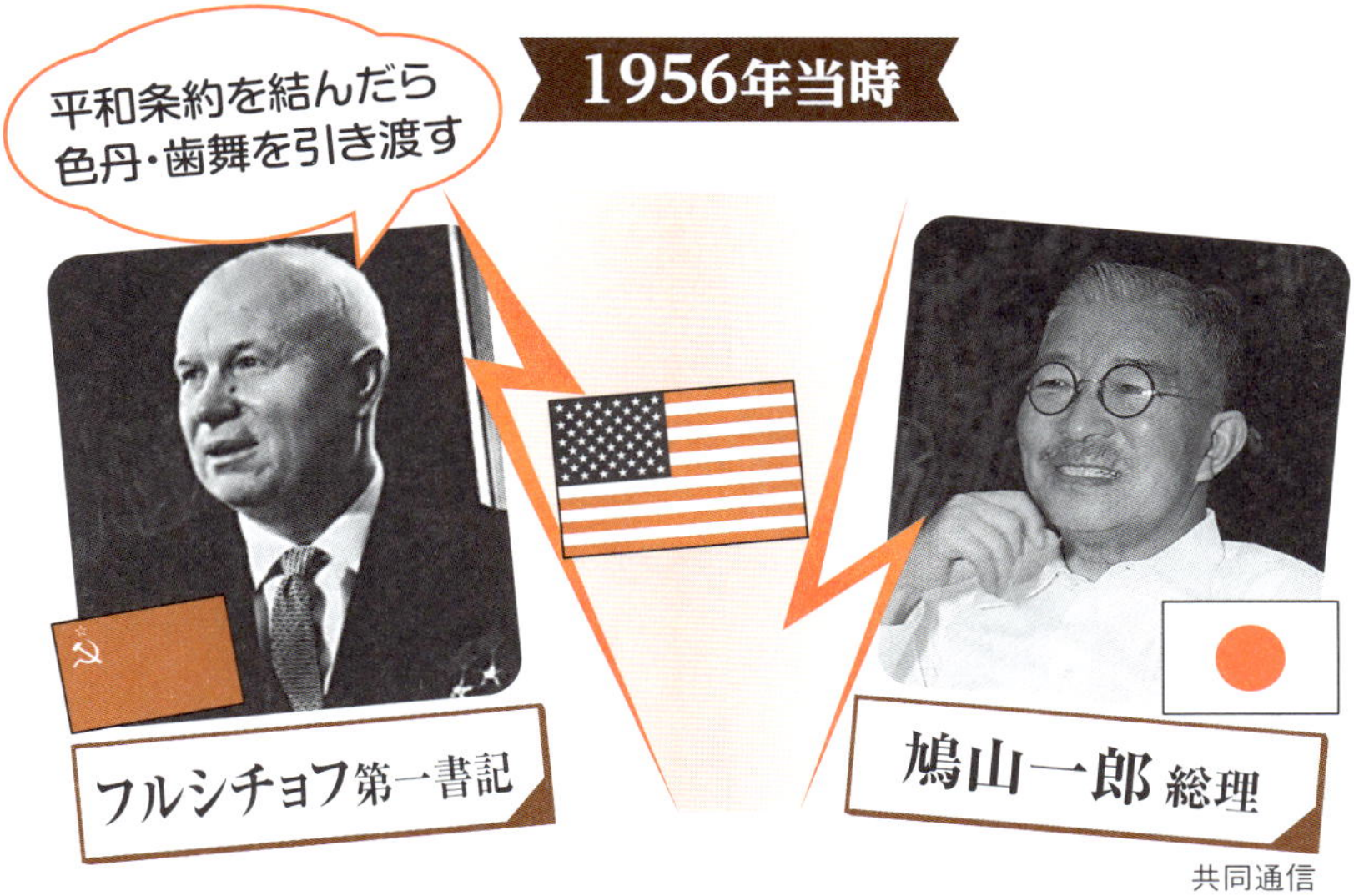
1956年当時
平和条約を結んだら
色丹・歯舞を引き渡す
フルシチョフ第一書記
鳩山一郎 総理

共同通信

と言えば、他の人たちは反対できません。田中総理も非常に強い力を持ち、ひとたび方向性を決めれば、みんなそれに従うと考えられました。

支持率の高いリーダーは、国内の反対意見を押し切ってでも物事を進めることができます。そういう強いリーダー同士が交渉すれば、問題は一気に解決する可能性があるのです。

この時、ブレジネフ書記長は、日本が経済協力をするなら、2島を引き渡すという約束（日ソ共同宣言）について考えてもいいという態度でした。それに対して田中総理は、「4島一括返還」でなければダメだと主張。お互いに譲らず、交渉は暗礁《あんしょう》に乗り上げました。

結果的に、また関係が悪化してしまいました。

経済協力と4島一括返還

1973年当時
経済協力ありき
4島一括返還
ブレジネフ書記長
田中角栄 総理
共同通信

橋本総理の〝急がば回れ〟戦略とは？

しかし、その後、最大のチャンスがやってきます。

1991年（平成3年）、社会主義だったソ連が崩壊し、ロシアが誕生しました。民主主義や市場経済を取り入れようとするロシアにとって、日本は重要なパートナーと見なされ、関係改善の機運が高まりました。

当時、ロシアのトップはエリツィン大統領、日本は橋本《はしもと》龍《りゅう》太《た》郎《ろう》総理です。それまでソ連と交渉するとき、日本の基本姿勢は、まずは北方領土問題の解決ありきでした。これではうまくいかないと考えた橋本総理は戦略を変えます。「返せ、返せ」と攻め立てるやり方を改め、信頼と協力を打ち立てることが大事だとして、個人的な信頼関係を深める戦略を採りました。要は〝急がば回れ〟で行こうということです。

でも、仲良しでもない国のトップ同士が、どうやったら信頼関係を築けるのか? それがわかる映像が残っています。1997年、アメリカのデンバーで開かれたサミット（主要国首脳会議）には、初めてロシアが参加し、G8になりました。記念撮影を終えた各国首脳が移動するとき、橋本総理が常にエリツィン大統領と2人で行動し、しきりに大統領に話しかける様子が確認できます。ここで一生懸命信頼関係を築こうと努め、最終的に2人は冗談を言い合う仲になったといいます。

仲良くなってからは、2人きりでサウナに入りました。エリツィン大統領がサウナに入るのが大好きだったので、文字通り、裸の付き合いをした。これですっかり橋本総理を信頼するようになったといわれています。

リーダーが長続きせず、交渉はつぶれた

国のトップ同士が個人的な信頼関係を築いたことで、1997年には、北方領土問題を2000年までに解決しようと高らかに宣言されました。この頃の日本政府は、4島をいっぺんに返してもらうのは非常に難しいことから、「4島の日本への帰属が確認されることを条件として、実際の返還の時期及び態様《たいよう》については、柔軟に対応する」という考え方に転じていました。4島が日本の領土だとロシアが認めてくれたら、返還の時期については相談に応じますよ、いきなり4島

個人的な信頼関係を築く戦略

1998年4月19日
急がば回れ
信頼と協力
エリツィン大統領
橋本龍太郎総理

静岡県伊東市川奈ホテルで行われた、日露非公式首脳会談（産経新聞）

全部返さなくても、いろいろなやり方がありますよ、という考え方です。

橋本総理は1998年4月、この考え方をベースにした提案を、訪日したエリツィン大統領に対して行いました。

こうして、今までで一番話し合いが進み、合意は近いと思われたのですが、最後は領土問題とは関係ない理由でご破算になってしまいました。理由は、リーダーが長続きしなかったから。橋本総理が7月の参議院選挙の敗北の責任を取って辞任。さらにその翌年、エリツィン大統領も体調が悪化して辞任しました。

「2島先行返還」で話をつけようとした

2000年になるとロシアにはプーチン大統領が登場、日本では4月に森喜朗《もりよしろう》内閣が発足しました。

ここでも日本政府は柔軟な考え方を採ります。

「『日ソ共同宣言』でロシアは2島を引き渡すと言っているのだから、まず歯舞・色丹を返してもらい、残る2島（国後・択捉）にも日本の主権が及んでいることを確認した上で、その返還は少し先になっても仕方がないのではないか」

こういう考え方です。

日本はこの「2島先行返還」でロシアと話をつけようとして、かなりいいところまで行ったのです。

しかし、この話し合いも実を結ぶことはありませんでした。

その後は、「2島先行返還では2島だけで終わってしまう。4島でなければダメだ」と主張する政治勢力もあり、領土返還交渉は停滞しました。

ウマが合う安倍・プーチンで返還なるか？

そして今、返還のチャンス到来といわれました。安倍総理とプーチン大統領との間で話し合いが続けられ、プーチン大統領の7年半ぶりの訪日も実現しました（前回は首相時代の2009年5月）。実はいくつもの追い風が吹いています。

プーチン大統領と安倍総理は、なぜか非常にウマが合うともっぱらの評判です。ロシアのクリミア併合の後も度々会って、話し合いを続けてきました。安倍総理としては、プーチン大統領との間で個人的な信頼関係を築き、それを突破口として領土返還交渉につなげたい。その成果の一つがプーチン大統領の訪日だったということです。

プーチン大統領も安倍首相も、自分たちの在任中になんとしても決着させたいという言い方をしています。

中ロは「引き分け」をやったことがある

さらに言えば、プーチン大統領は、過去に他の国との間で領土問題を解決してきた実績があります。

以前、日本の新聞記者たちの質問に答えて、こういう発言をしました。

在任中に決着を付けたい

2017年

プーチン大統領

安倍晋三総理

共同通信

「この状況で私たちが目指すべきは何らかの勝利ではありません。私たちは妥当な譲歩を目指すべきです。いわゆるヒキワケ」(12年3月)

プーチン大統領は柔道が強いですから、この時、柔道の用語で「引き分け」という言い方をしました。この「引き分け」は何を意味するのかということが、その後、日本で盛んに議論されました。

実は、ロシアは中国との間でこの「引き分け」をやったことがあります。

アムール川とウスリー川が合流する地点にある大ウスリー島をめぐって、長い間、両国はもめてきました。プーチン大統領はこれを引き分け、つまり面積で半分に分けて解決したのです。

その結果、それまで頻発していた争いは

なくなりました。

　私も取材で行きましたが、東のロシア側が旧ソ連時代のままのさびれた町であったのに対し、西側は中国領になった途端、立派な鉄塔が建ち、急速に開発が進みました。

　こういうのを見ると、北方領土も日本に返ってくれば、もっともっと発展しますよと日本としては言いたいですね。

経済協力を引き出したいのがロシアの本音

　北方領土にはロシア人が住んでいます。日本に返還するとなると、この人たちが反発してプーチン大統領を非難することでしょう。しかし、今、プーチン大統領には誰も逆らえません。

　独裁とも他国から批判されていますが、政治の実行力は高く、支持率も高いですね。国内で絶対的な、非常に強い力を持っています。プーチン大統領がこうすると決めたら、みんな従います。だからこそ今がチャンスと言えるわけです。

　ロシアも国後島や択捉島には軍事施設を造るなどしてかなり軍備を強化しています。

　ところが、歯舞群島や色丹島に関してはあまり投資していません。明らかに意図的にやっていない。ここは日本に返してもいいと思っているからそうしているのではないか、というふうにも見えるのです。

ロシアと中国の間で行われた「引き分け」

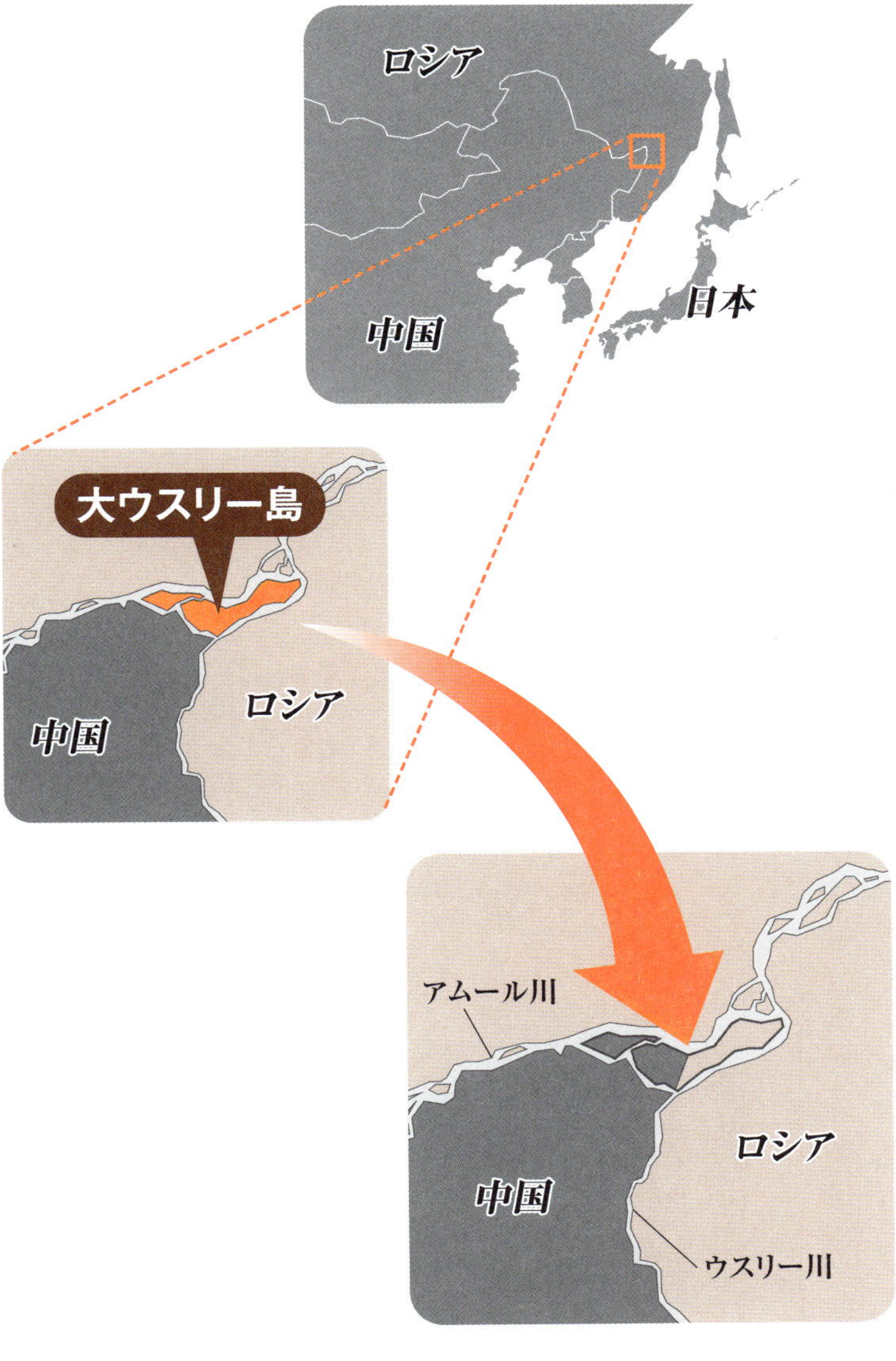

サハリン沖の天然ガス

さらに、今がチャンスと言われるのは、ロシアにもメリットがあるからです。

平和条約を結べば日本から投資が入ってくるとロシアは期待しています。東シベリアや極東は石油・天然ガスの宝庫です。特にサハリン沖には天然ガスが豊富にあるので、これを開発して日本に売りたい。そのためには日本の技術が必要だとロシアは考えています。

こうした事情から、経済協力問題を主に話し合いたいというのがプーチン大統領の思惑です。

北方四島の未来はどうなる？

日本が恐れるのは、経済協力だけが進んで領土返還交渉が前に進まないこと。領土交渉にしても、何をもって引き分けとするかは難しい問題です。

歯舞・色丹の2島が返ってきたら、それ

でよしとするのか。もともと日本の領土ですから、4島全部返ってくるのが当たり前です。2島で引き分けと言われても納得できない、それでは負けではないかと思う人もいるでしょう。

「4島でなければダメだ」という考え方はもちろんあります。でも、そう言い続けていたのでは、いつまで経っても島は返ってこないという意見もあるわけです。

4島一括返還が無理なら、まず2島だけ返してもらい、残りの2島には日本の潜在的な主権があることを認めさせる。ただし、それをいつ返すかについてはよく話し合って決めましょう、だってロシアの人たちが住んでいるのだから、とこういう交渉の仕方もあるでしょう。

あくまで仮定の話ですが、最終的に4島が日本に戻ってきても、そこに住んでいるロシアの人たちはそのまま住んでいてもいいですよ、というやり方はできるはずです。領土は日本のものだけれども、そこにいる人たちには永住権を与えて、そのまま住むことを認めるわけです。

戦後、これだけ長い時間が経って、北方四島で生まれ育ったロシア人が大勢います。その時間が長くなればなるほど、返したくないと思う人たちが増えてくることは事実です。

だからといって、返還をあきらめたり、領土を放棄したりすることは、日本として絶対にできません。

では、どうしたらいいのか。

返還を実現しながら、なおかつ日ロが平和的に共存できるような仕組みを、それぞれの国の人たちが知恵を絞って考える必要があります。

Part 5

そうだったのか!!
自衛隊

―どうやったら自衛隊員になれるの？
いったい何人くらいいるの？―

日本人として知っておきたい自衛隊

日本の周辺がざわつくなかで、何かあったときに日本を守るのが自衛隊。世界からは軍隊と思われがちだけど、自衛隊は専守防衛、つまり守るだけなので攻撃のためのミサイルは持っていないって知ってますか？　実は知らない、どうやって日本を守るのか？実は知らない基地のこと、兵器や装備のこと、階級のこと、給料などお金の話、自衛隊の入り方。知らないことだらけの自衛隊について知ろう！

自衛隊の理解度チェック

★★☆☆☆

土地が広いから？

陸上自衛隊

Q 陸上自衛隊の部隊がいる駐屯地は全国に158カ所。中でも一番多い都道府県はズバリどこ？

A

北海道

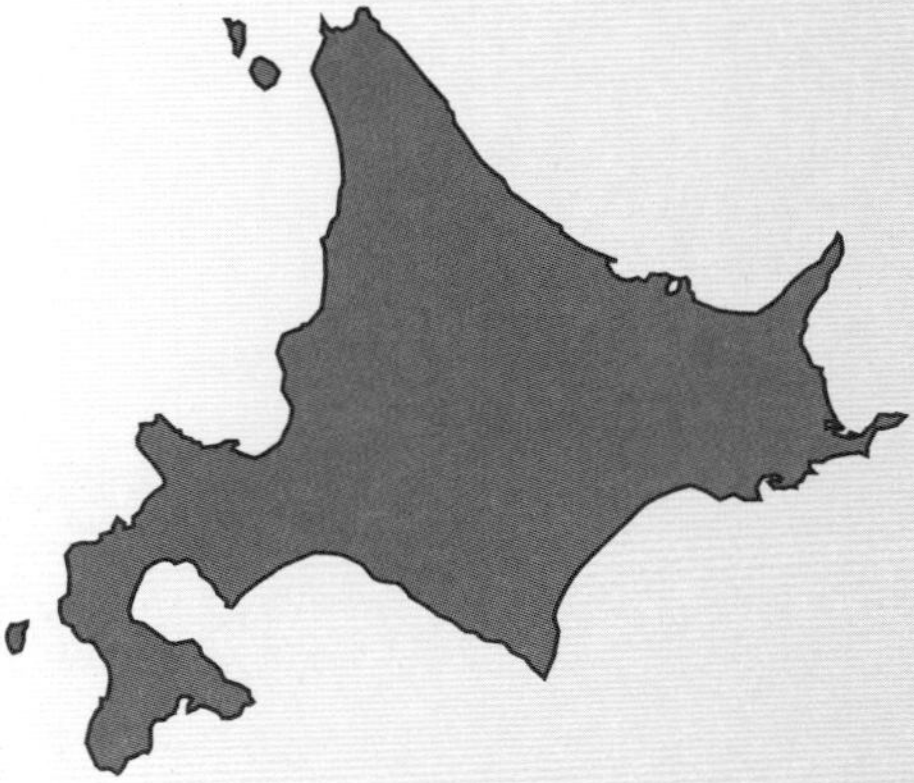

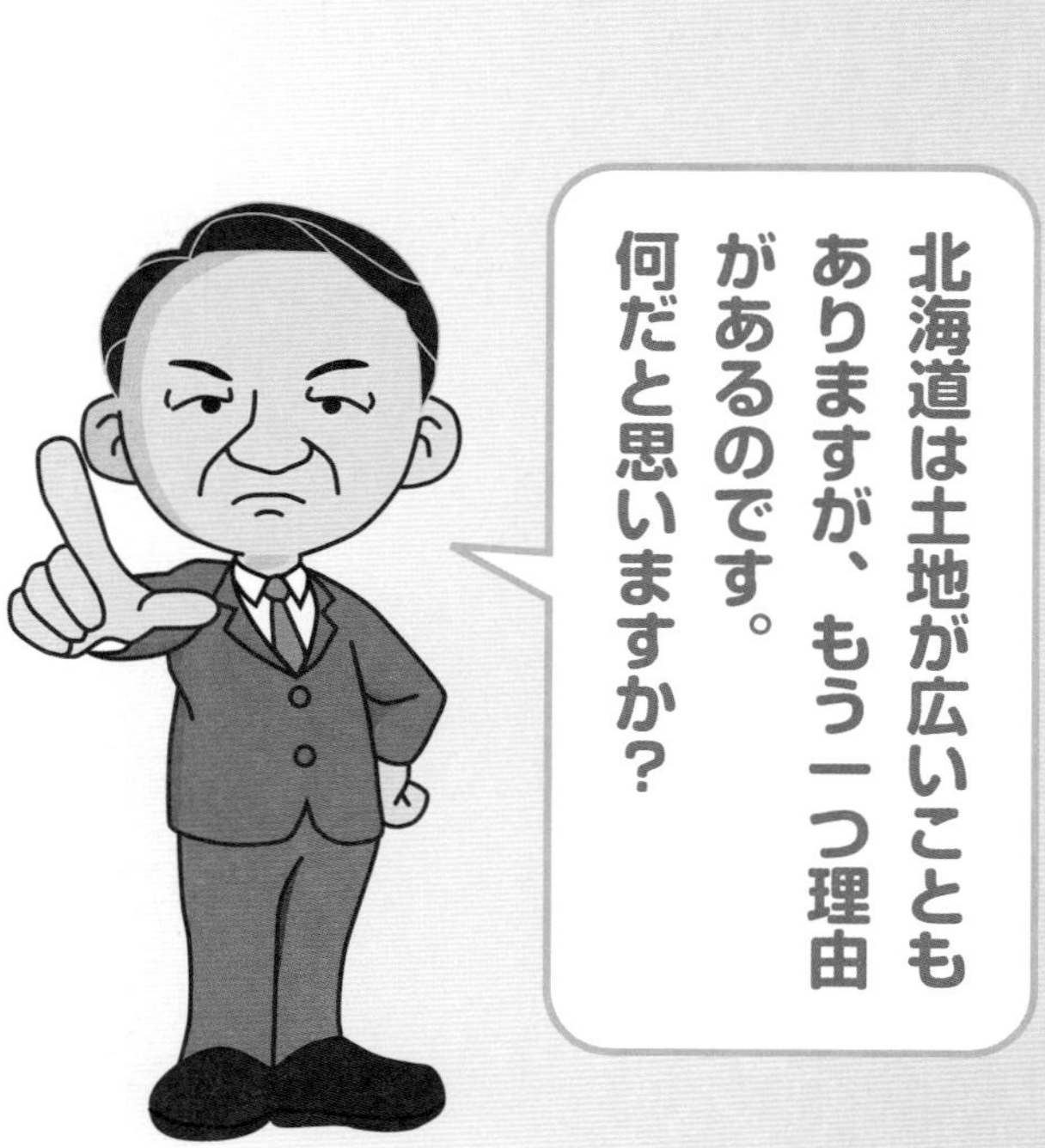
北海道は土地が広いことも
ありますが、もう一つ理由
があるのです。
何だと思いますか?

そうだったのか!!

自衛隊の理解度チェック

★★★★★

緊迫する日本の空

航空自衛隊

Q 日本の領空に国籍不明機が近づくと、航空自衛隊の戦闘機が緊急発進して警告します。さて2014年度の緊急発進の回数は？

① 約40回　② 約340回　③ 約940回

A

③ 約940回

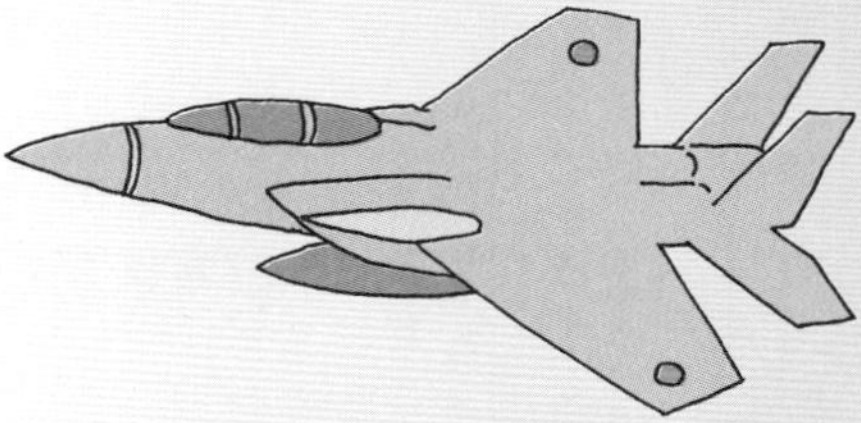

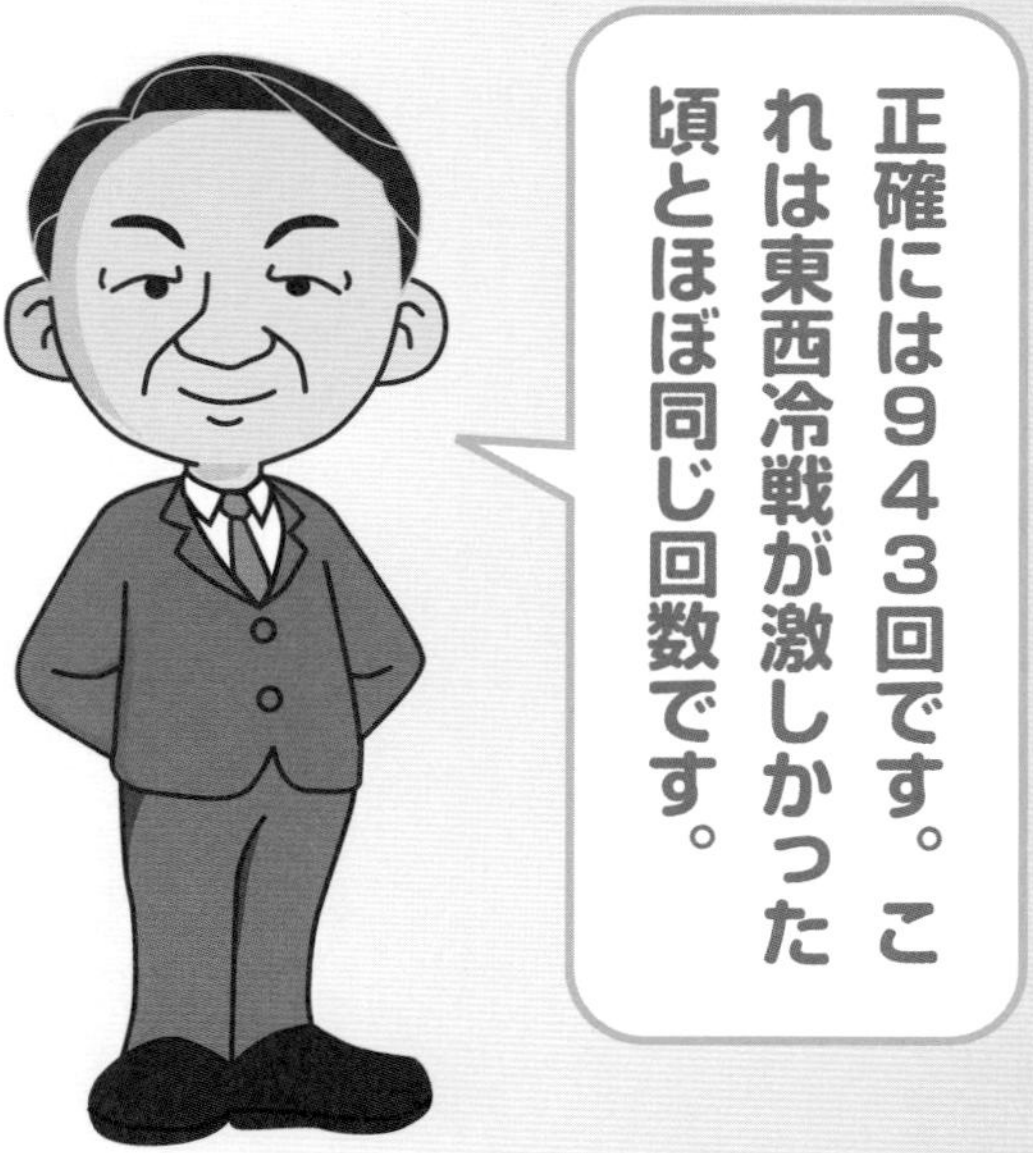
正確には943回です。これは東西冷戦が激しかった頃とほぼ同じ回数です。

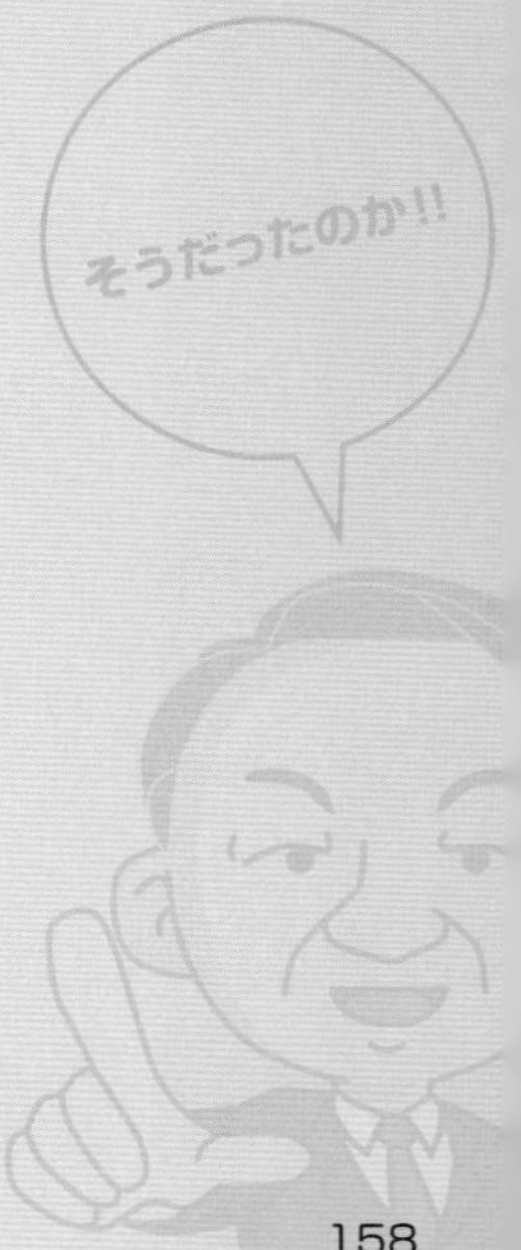
そうだったのか!!

自衛隊の理解度チェック

★★★☆☆

わかるかな？

海上自衛隊

Q 次のうち海上自衛隊が保有していない装備はどれ？

① 潜水艦
② 護衛艦
③ 対潜哨戒《しょうかい》機
④ オスプレイ（垂直離着陸輸送機）

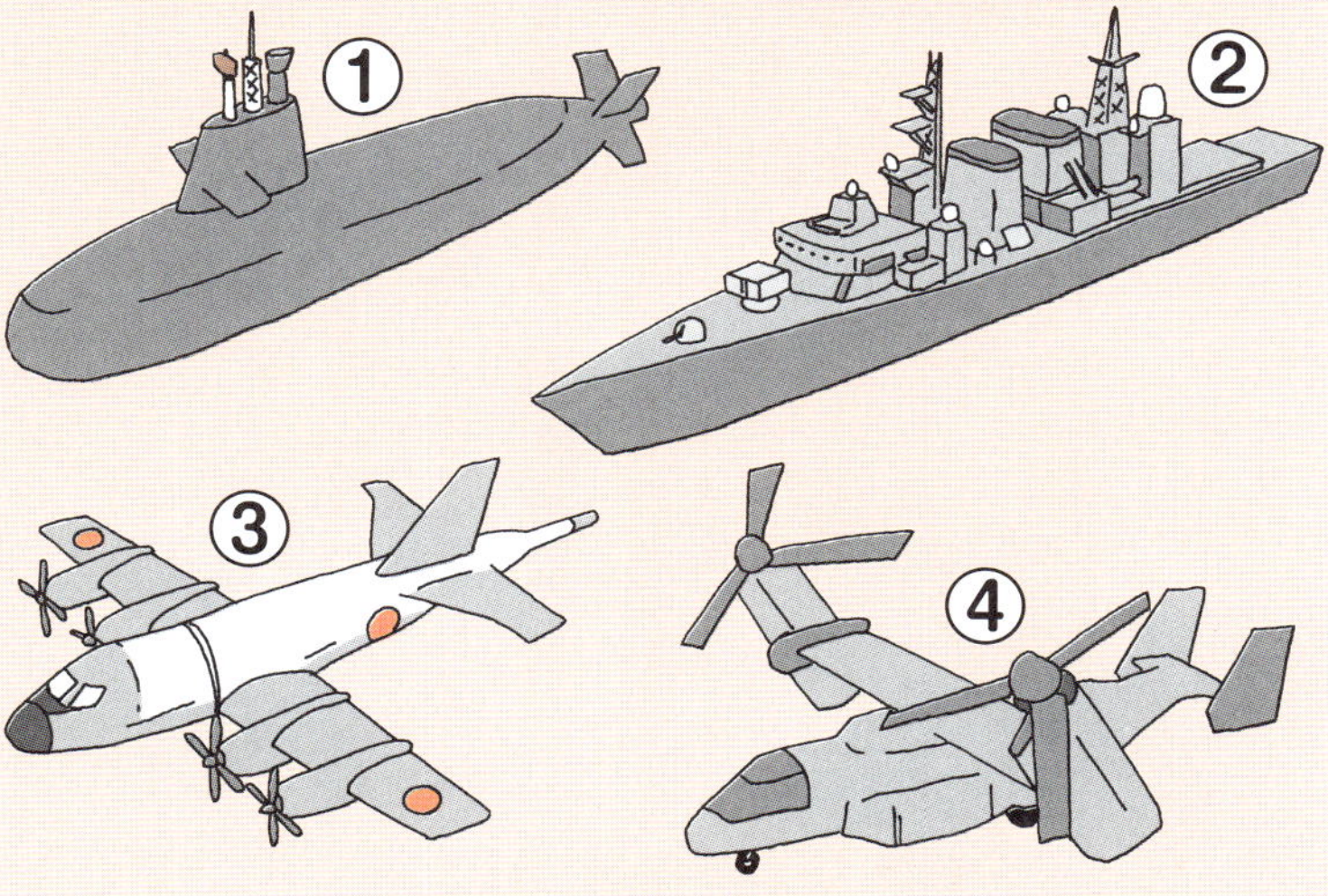

A

④ オスプレイ（垂直離着陸輸送機）

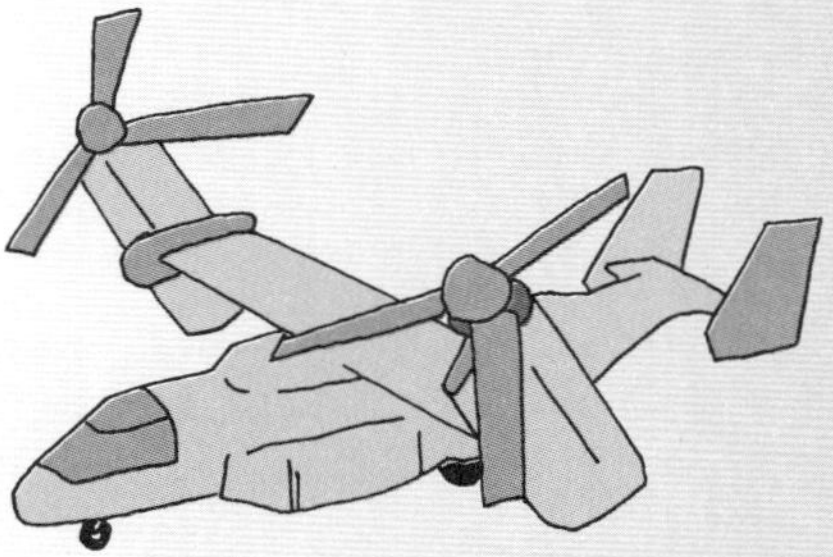

自衛隊はまだどこもオスプレイを持っていません。近いうちに導入を予定しているのは陸上自衛隊です。

自衛隊の理解度チェック

★★★★☆

知らなかった!?

自衛隊の入り方

Q 自衛隊のエリートを育てるための学校を漢字５文字で何という？

○○○○○

A 防衛大学校

防衛大学ではなく防衛大学校。合格すると学費は無料です。卒業したら自衛隊に入り、幹部自衛官になります。

おさらい

- **基地の配置からわかることは？** 詳しくは P.165
- **自衛隊はどんな装備を持っている？** 詳しくは P.168
- **日本を守る方法は？** 詳しくは P.168
- **自衛隊の階級・入り方・手当は？** 詳しくは P.182

チェック項目から、いざという時に備えて陸・海・空の自衛隊がどんな活動をしているのかわかる!

- 防衛方法
- 基 地
- 階 級
- 人 数
- 給料や手当
- 入隊方法
- 兵器や装備
- 特殊技術

実は知らないことだらけの自衛隊

このところ北朝鮮が不穏な動きを見せています。「水爆実験に成功した」と北朝鮮が発表したのが2016年1月。実際には原爆との見方が有力ですが、水爆（水素爆弾）は原爆の100倍から1000倍の威力を持つだけに、このニュースには驚かされました。

2月には長距離弾道ミサイルを発射し、自衛隊は沖縄県などに迎撃ミサイルを配備して万が一の事態に備えました。その後も北朝鮮は弾道ミサイルの発射を続け、秋田県男鹿《おが》半島沖や北海道奥尻島《おくしりとう》西方の海上に着弾させています。また5回目の核実験も行いました。

困った動きをしているのは北朝鮮だけではありません。中国も相変わらず尖閣諸島に船を送り、日本の領海への侵入をやめようとしません。南シナ海では、7つの岩礁を埋め立てて人工島を造り、実効支配を続けています。

こうして日本の周辺がざわつくなかで、何かあったときに日本を守るのが自衛隊です。

ところで、この自衛隊について、私たちは意外と知らないことが多いのではないでしょうか。基地や防衛方法から隊員の給料・手当などお金にまつわることまで、こんな時だからこそ、自衛隊のことを知っておきましょう。

基地の配置から何が見えてくる？

基地の数は約260です。海上自衛隊、航空自衛隊、陸上自衛隊の基地を図にしました。陸上自衛隊だけは「駐屯地」となっていますね。基地とは、滑走路や港など移動できないものがある場所。陸上自衛隊は何かあったら作戦ごとに移動し、ふだんいるところは一時的にとどまっている場所にすぎないので、駐屯地と呼んでいます。

陸上自衛隊の駐屯地は現在、全国に158カ所あります。中でも一番多い都道府県は北海道です。

「土地が広いからでしょ」と思った人が多いかもしれません。実はそれだけが理由ではないのです。

東西冷戦時代、強大な軍事力を持ったソ連軍が極東にいました。もしソ連軍が

基地の数は約 260

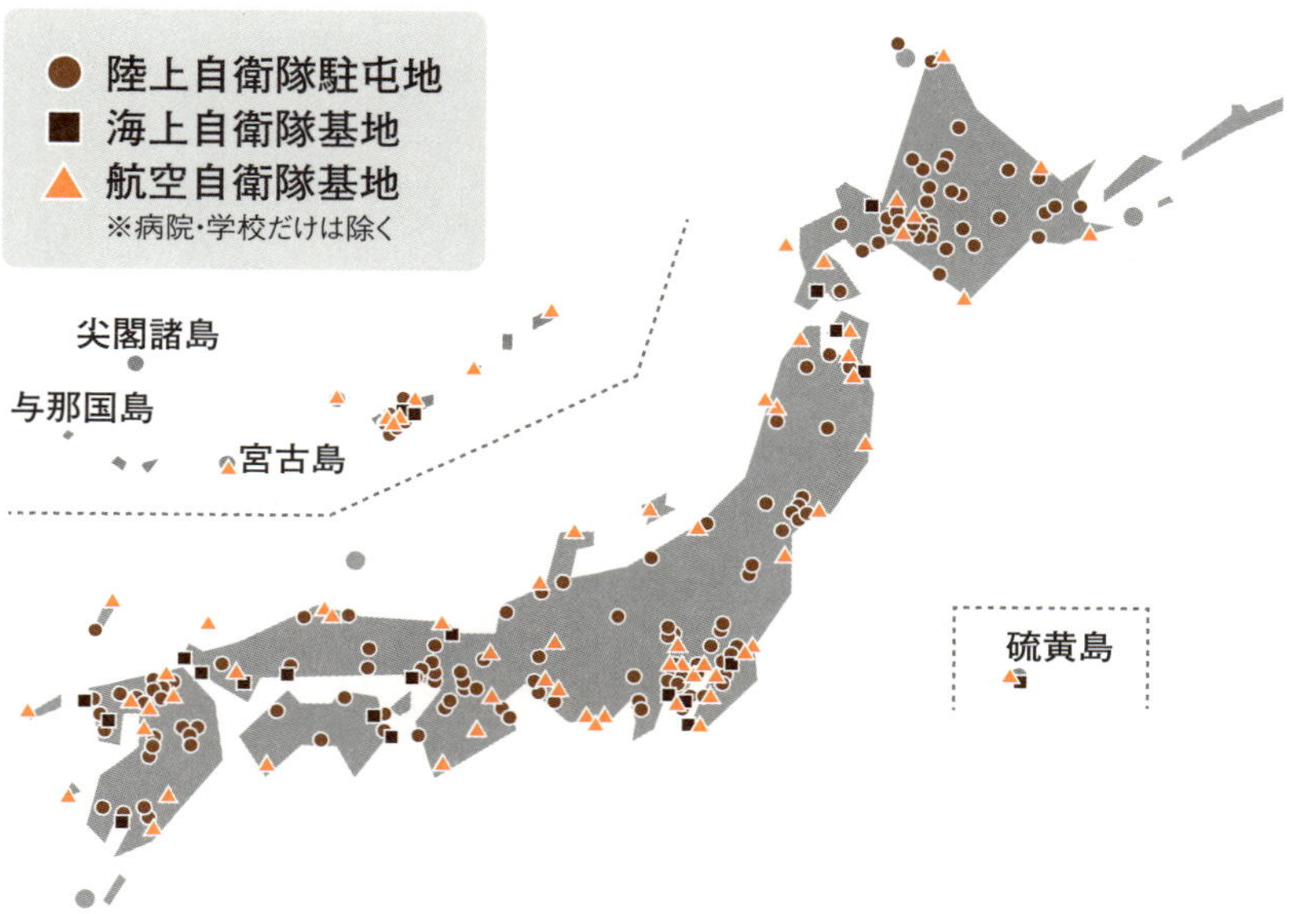

陸上自衛隊駐屯地
海上自衛隊基地
航空自衛隊基地
※病院・学校だけは除く
尖閣諸島
与那国島
宮古島
硫黄島

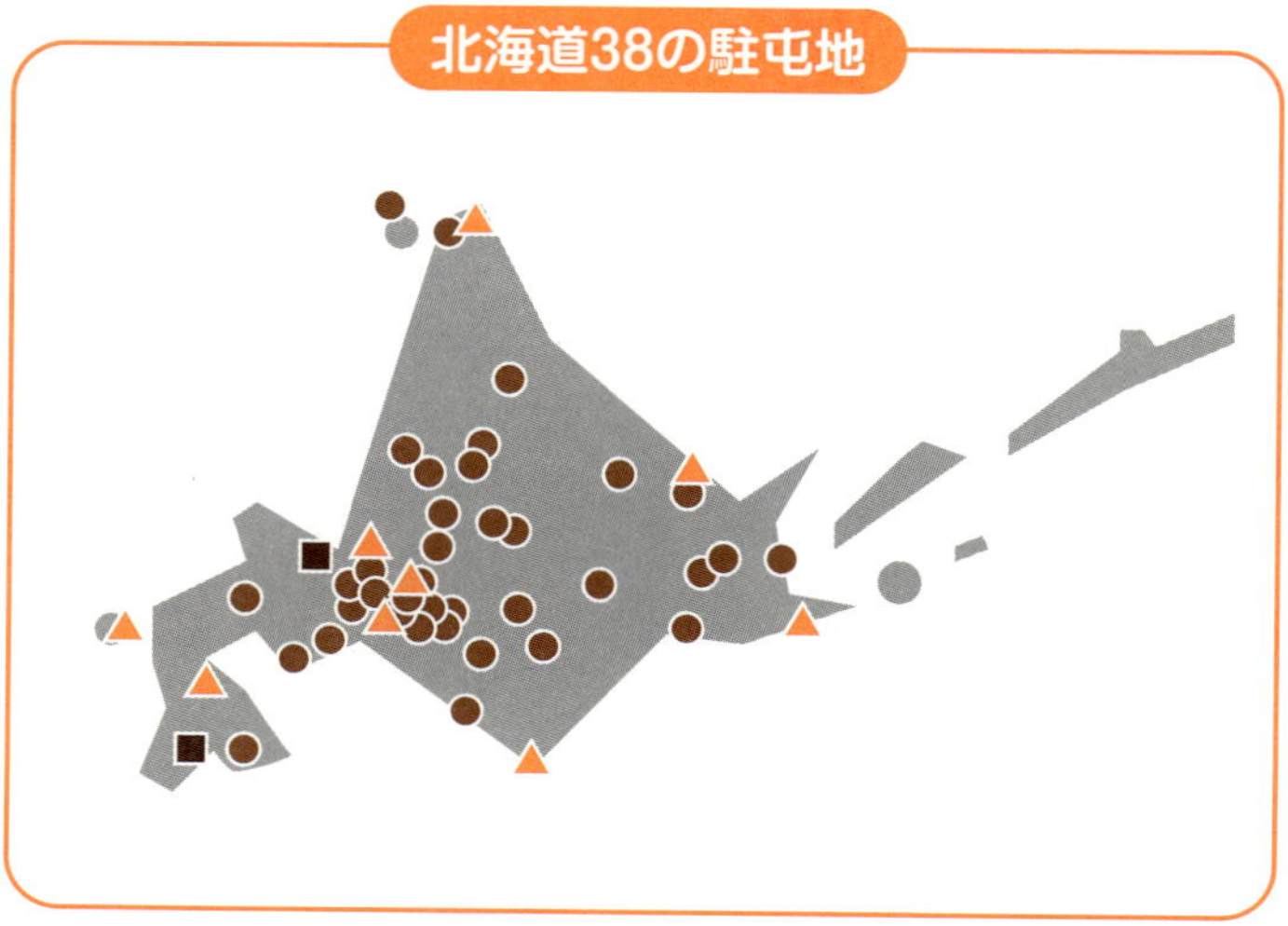

北海道38の駐屯地

北海道にソ連の戦車部隊が上陸!?

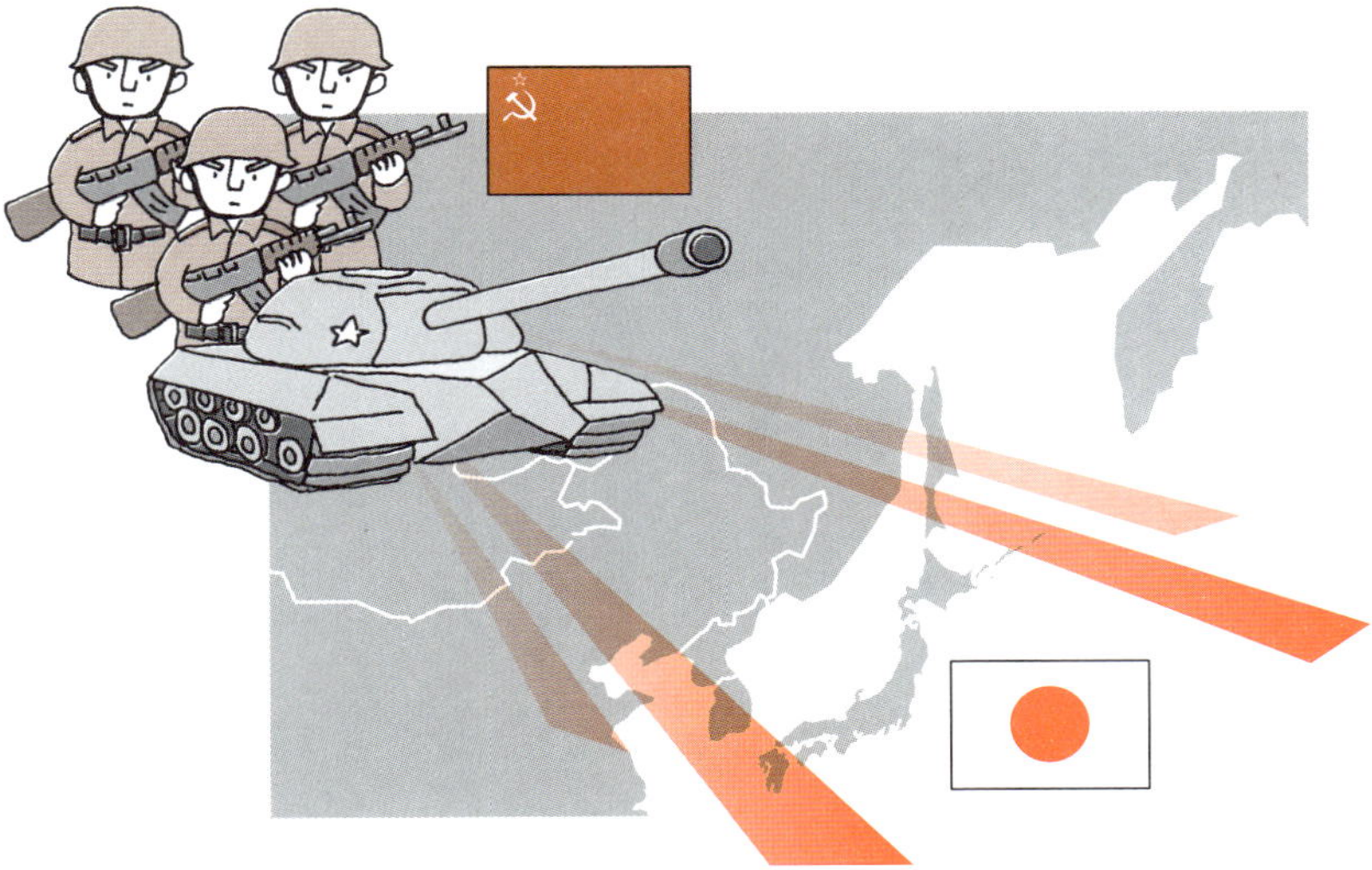

日本を攻撃してくるとしたら、どこから来るか。ソ連軍の戦車部隊は北海道に上陸してくるだろう。それを迎え撃つため、陸上自衛隊の戦車部隊を大量に北海道に配備しました。それが今でも残っているということです。

でも、東西冷戦はもう終わりました。ソ連は崩壊して新生ロシアになりました。ということは、北からの脅威は薄れてきている。その一方で、最近、きな臭くなっているのが東シナ海の尖閣諸島（沖縄県）です。

ここに中国の船が近づいてきて、「自分のものだ」と言ってしきりに手を出してくる。となると、これからはこの方面を守ることに重点を置いたほうがいいのではないか。こういう考えから、それまで北にあった部隊を南西方面に動かしていくという傾向になっています。

日本を守るため最新兵器を次々導入

最近、日本の周りが騒がしいことから、自衛隊は防衛のための最新装備を次々に導入しようとしています。いくつかご紹介しましょう。

まずは水陸両用車。戦車のようにも見えますが、輸送車です。しかも、ただの輸送車ではなく、水に浮かび、船のように走ることができます。

戦車はキャタピラーで動きますが、機動戦闘車はタイヤがついています。今までの戦車は舗装《ほそう》された道ではなかなかうまく走れませんでしたが、これは最高時速100キロでの走行が可能です。

東シナ海での警戒監視強化のために導入予定なのが、無人偵察機のグローバルホーク。戦闘機は、次世代戦闘機ともいわれ、敵のレーダーに映りにくいステルス性能を持つF35を導入予定です。

他にもすごい装備を自衛隊は持っています。何もないところに橋を作り、その上を戦車が通れるようにするもの（91式戦車橋）や、広い川を渡るとき、川に浮かべたパーツを組み合わせて橋を完成させる装備（92式浮橋）などです。後者は約2時間で完成し、車が通れて物資が運べるようになります。

もしどこかの国からミサイルが飛んできたら……

いろいろな装備を持っているのがわかったところで、では、それらを使ってど

最新兵器の数々

▲水陸両用車

▲機動戦闘車

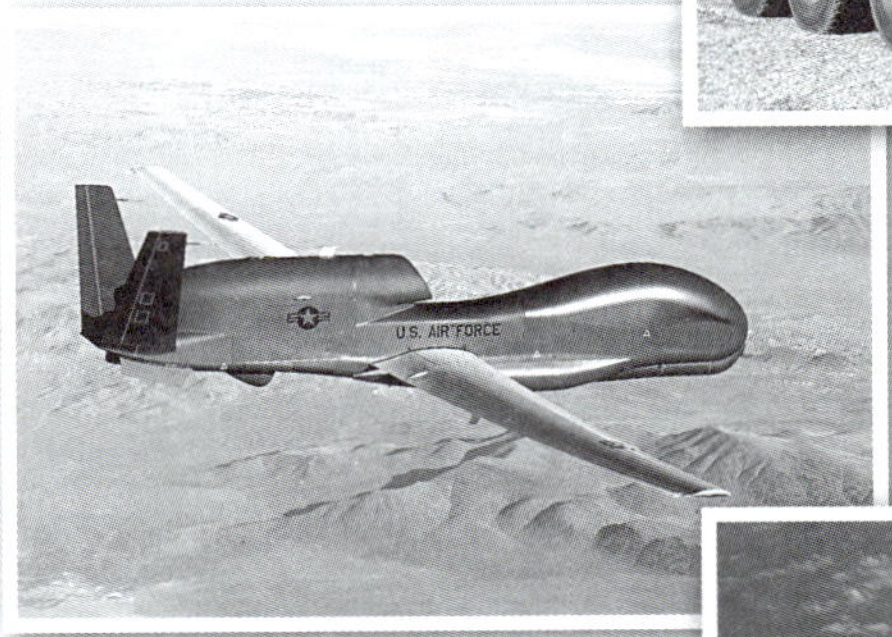

▲無人偵察機
グローバルホーク

▲ステルス戦闘機 F35

う日本を守るのか。次にそれを見ましょう。

北朝鮮による弾道ミサイルの発射では、自衛隊は迎撃ミサイルを配備しました。あれはどこの部隊がやっているか知っていますか。実は陸上自衛隊ではなくて航空自衛隊です。

もしもどこかの国が日本に向けてミサイルを発射したら、真っ先に海上自衛隊と航空自衛隊が出動します。

これはどういう構造になっているかというと、まず日本海に展開している海上自衛隊のイージス艦が、飛んでくるミサイルを撃ち落とすためミサイルを発射します。ただし、非常に高いところを飛んでいると、下から撃っても届かないことがあります。その場合は、今度は第2段階として、地上からパトリオットという迎撃ミサイルを発射して空中で撃ち落とすのです。2段階でミサイル攻撃に備えています。

ちなみに、イージス艦とは、高性能コンピューターシステムを搭載し、情報処理・対空射撃に優れた艦艇のこと。パトリオットミサイル（ＰＡＣ3）は全国15カ所の基地に配備されています。

問題は命中精度ですが、最近はかなり性能が上がってきているので、かなりの確率で撃ち落とせるようになっています。

ただ、１００％撃ち落とせるかというと、実際はやってみないとわからないところがあります。

2段階でミサイル攻撃に備える

第1段階 **海上自衛隊** イージス艦

出典：海上自衛隊HPより

第2段階 **航空自衛隊** パトリオットミサイル

出典：航空自衛隊HPより

近年、緊急発進が増えている

日本の領空に国籍不明の戦闘機が接近したときは、航空自衛隊の戦闘機が緊急発進（スクランブル）し、領空に近づかないよう警告をします。

緊急発進の回数は近年、増えていて、2014年度は943回にもなりました。これは過去2番目の多さです。一番多かったのが1984年度の944回。この時よりも1回少なかっただけです。

東西冷戦の頃に匹敵するほどの回数になったのは、中国とロシアによる接近が増えたから。中国は5年前に比べて、なんと5倍になりました。

彼らは何のために日本の領空に接近するのでしょうか。そこにはいくつか目的があります。たとえば情報収集です。スクランブルする戦闘機のパイロットは地上と交信をします。その時にどの周波数を使って交信をしているのか調べるのです。周波数がわかれば、何かあったらそれを盗聴できますから。

あるいは、スクランブルにどのくらい時間がかかるのか。現場まで何分で飛んでくるのかを測っていれば、航空自衛隊の能力がわかります。実力はどの程度なのか調査しているわけです。

その一方で、東シナ海で中国海軍が大規模な軍事演習をすれば、当然、日本の航空自衛隊が近くまで飛んでいきます。中国の海軍がそこでどんな無線でやり取りしているのか、日本側も情報収集しています。

日本の領空に接近する理由

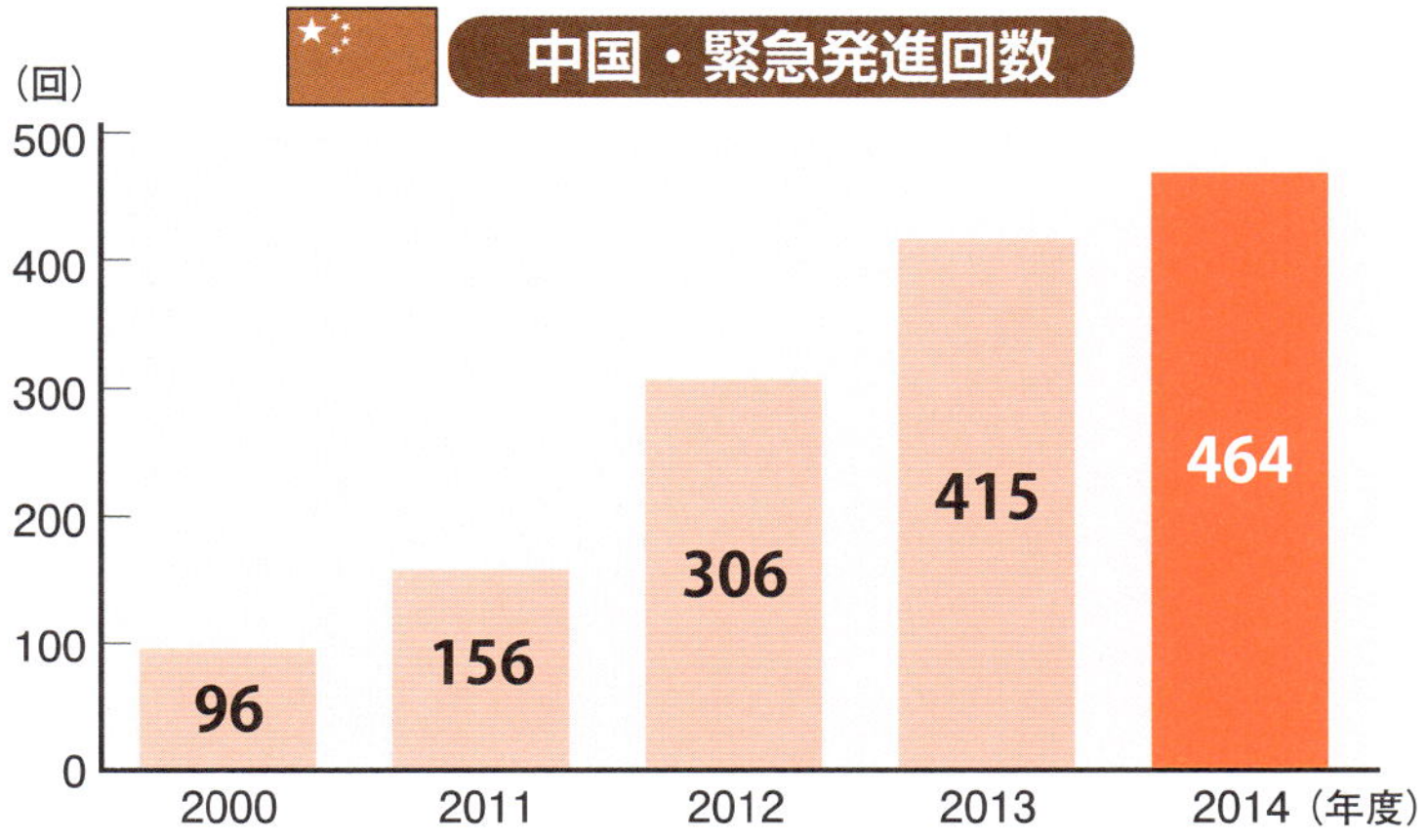

出典：防衛省 HP

不審な船が近づいてきたらどうする?

では、海の守りはどうでしょうか。海で不審な船が接近してきたときは、いきなり海上自衛隊が出て行くのではなく、まず海上保安庁が対応します。

海の警察兼消防が海上保安庁の役目。怪しい船が日本の領海に近づいてきたら、とりあえず考えられるのは密輸か密漁です。つまり、犯罪者である可能性があるので海上保安庁が出て行く。

ところが、よその国の軍隊の軍艦が近づいてきたり、潜水艦が近づいてきたりということになると、海上保安庁では対応しきれません。その時は海上自衛隊が出て行く。そういう役割分担になっています。

もう一つ両者の違いとして、海上自衛隊は海上保安庁よりももっと広い範囲を見ているということがあります。

とりわけシーレーン（海の道）と呼ばれる海上貿易の重要ルートを守ることは、海上自衛隊の重要な任務の一つです。

中東から石油や天然ガスを運んでくるタンカーは南シナ海を通って東シナ海に入り、日本にやってきます。このルートをタンカーが安全に通れるように、海上自衛隊の潜水艦が航行して監視したり、対潜哨戒《しょうかい》機（音波などで海底の潜水艦を探す専門の航空機）が常に飛行したりして、どこかの国の潜水艦が通っていないか見張ったりしています。

内閣総理大臣が自衛隊の最高指揮官

ここで組織と人数について見ておきます。自衛隊がどこをどう守るなどの戦略を練っているのが防衛省です。東京の市ヶ谷にあり、敷地の広さは東京ドーム約5個分。各自衛隊の司令部や隊員宿舎などがあります。

組織としては、図（177ページ）を見ていただくとわかるように、防衛省のスーツを着ている役人の人たちと自衛官という2つの形になっています。

防衛省の役人のトップが事務次官で、その下にいるのが防衛省の職員です。この人たちは国家公務員試験で採用された事務官なので、銃を撃ったりするようなことはありません。

それに対して図の右側は、いわゆる戦闘部隊の人たちです。自衛隊の制服を着ているところから、俗に「制服組」と呼ばれます。そのトップが統合幕僚長《ばくりょうちょう》。

実は、自衛隊を動かすには自衛隊の外にいる人、すなわち内閣総理大臣の命令が必要です。自衛隊の最高指揮官は統合幕僚長ではなく、内閣総理大臣なのです。もちろん、総理大臣は国政全般を見なければいけませんから、具体的な命令については、総理大臣の承認の下で防衛大臣が出すという構造になっています。

幕僚長とは、昔でいう参謀。総理大臣や防衛大臣からの命令を各隊に伝える役割があります。このように、自衛隊員ではない政治家が命令権を持つことで、自衛隊が勝手なことをできないようにしています。これを「文民統制」といいます。

ところで、自衛官の人数はどのくらいか知っていますか？

自衛官は特別職国家公務員ですから、定員は法律（防衛省設置法）で決まっています。その数は約25万人。実際、職務に就いているのは約23万人なので、定員を完全に満たしているというわけではありません。

定員は一応の目安です。ひたすら増やせばいいというものではなく、自衛のために必要最小限、25万人いれば自国防衛なら何とかなるというわけです。約23万人という人数は、人口比をとってみると、他の国と比べても少ないほうです。


〔兵数・自衛隊員数の人口比〕（出典：外務省HP――2017年1月17日時点）

アメリカ	約0・4％
ロシア	約0・5％
韓国	約1・3％
日本	約0・2％

尖閣諸島奪還作戦の訓練が始まった

そして政府は、日本周辺の変化に応じて、約10年先までの防衛方針をまとめた「防衛大綱」を発表しています。それによると、最近、ある作戦のための訓練を始めたことが明らかになりました。

これまで日本は、国の守りに徹して、敵に上陸されないようにするための訓練

自衛隊の組織

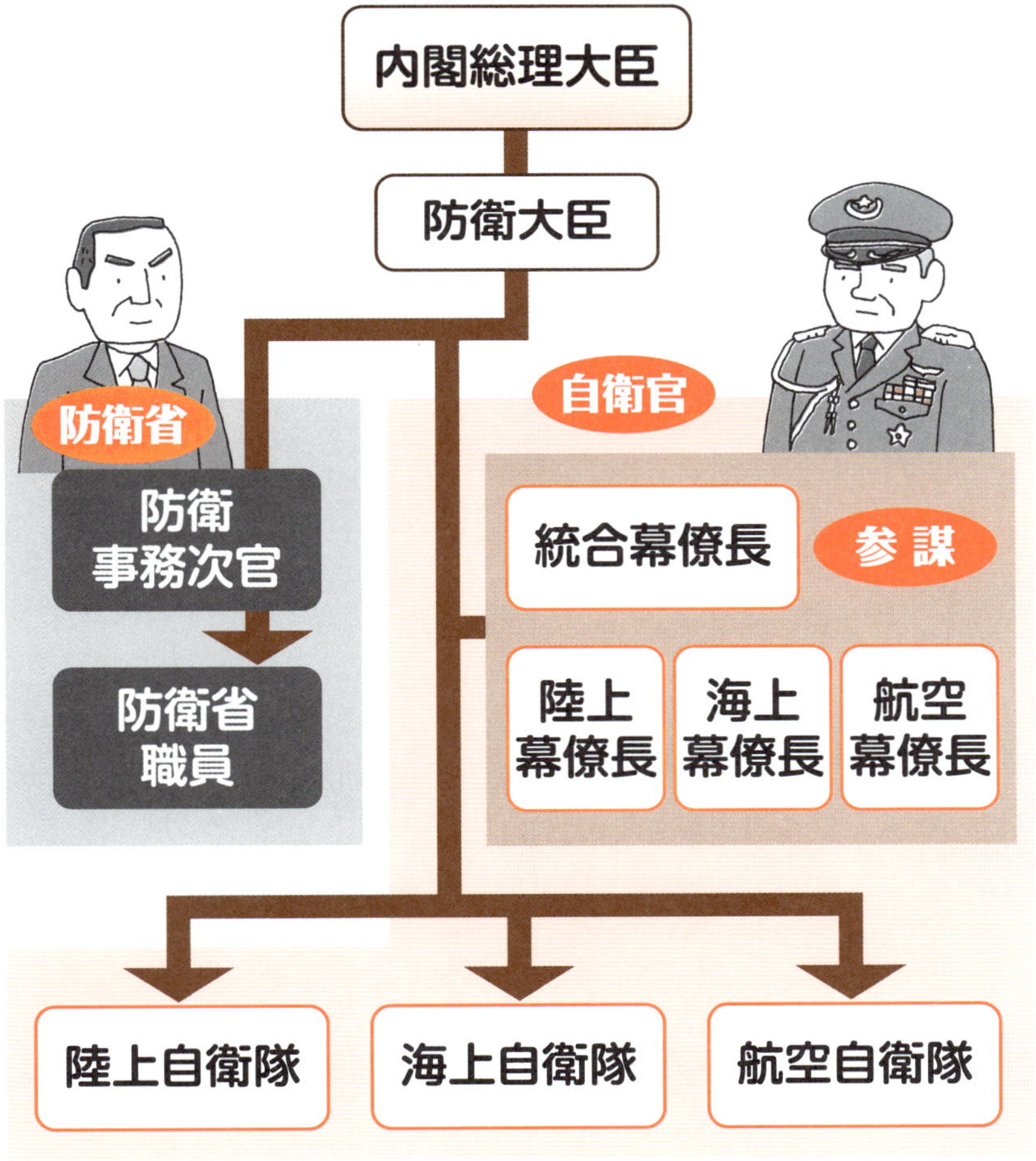

定員 24万7154人　**現員** 22万7339人

出典:防衛白書(平成28年版)2016年3月31日現在

オスプレイ導入は抑止力になる？

オスプレイ
（1機 約100億円）

をやってきました。でも、もし尖閣諸島がどこかの国によって占領されてしまったら、そこを取り戻すにはここに上陸するしかありません。そこで、尖閣諸島にいつでも上陸して敵を撃退する力をつけようという訓練を始めています。

この上陸作戦のために取り入れようとしているのがオスプレイ。垂直離着陸ができ、高速で飛べる輸送機です。尖閣諸島が敵に占領されたとして、奪い返しに行くときに、尖閣諸島に滑走路はないわけです。そんなところに着陸するにはオスプレイが一番適している。そこでこれを使うということです。

裏返していうと、自衛隊がオスプレイを持っているということになれば、よその国はうっかり尖閣諸島に上陸しても、すぐに攻撃されて取り返されてしまう。だからそんなことはやめようとなって、尖閣諸島を

陸上自衛隊の第一空挺団のパラシュート降下

出典：陸上自衛隊 HP

守ることができる。そういう発想です。

政府としては、オスプレイを導入して島々の防衛に力を入れることを狙っています。

陸海空の花形部隊、スペシャリスト部隊は？

自衛隊にはいろいろな部隊がありますが、皆さんはどのくらい知っていますか？

陸・海・空自衛隊のそれぞれに花形といわれる部隊があります。中でもスーパーエリートともいわれるのが陸上自衛隊の第一空挺《くうてい》団（習志野駐屯地）です。日本で空挺部隊があるのはここだけです。

この部隊はパラシュートで降下して作戦を行います。首都が外国の侵略を受けてしまったら、すぐにパラシュートで駆けつけて敵と戦う。それが第一空挺団です。「第一」と付いているぐらいですから、陸上自衛隊の場合は、これがエリート部隊、精鋭部隊といわれています。

　海上自衛隊の花形といえば、潜水艦の乗組員ですね。

　航空自衛隊の花形といえば、アクロバット飛行を披露《ひろう》する広報部隊のブルーインパルス。見たことのある人も多いはずです。

　こうした花形部隊とは違い一見地味ですが、自衛隊には兵器を扱わないで任務を行うスペシャリストの部隊もあります。たとえば撮影専門の部隊。この部隊は防衛の最前線でも活躍します。海上自衛隊がアフリカ・ソマリア沖で護衛中に不審な船を発見したときにも、不審船の様子をカメラでとらえました。すぐに出動して情報収集のための撮影をするのが彼らの任務です。

　消防部隊は、基地で火災が起きたとき、すぐに対処できるよう各隊に置かれています。しかも、自衛隊内だけでなく、基地の近くで大規模な火災があった場合にも出動することになっています。

　儀式や広報活動で演奏するのが音楽隊です。自衛隊初の歌手採用で海上自衛隊に入隊した三宅由佳莉さん（東京音楽隊所属、3等海曹）は、〝自衛隊の歌姫〟と大きな話題になりました。

　とにかく自衛隊は何でもやるんですね。航空自衛隊の高尾山《たかおやま》レッドクラブ（松江市）は、広報活動で自転車アクロバット走行を見せてくれます。自衛隊を身近に感じてもらうためにやっているそうです。

橋や道路づくりが得意なのはなぜ？

テレビのニュースなどで、海外に派遣された自衛隊が道路の整備や橋づくりをしている情景が流れることがあります。自衛隊ってどうしてこんなことまでできるのか、不思議に思ったことはありませんか？

よその国が攻めてきて日本で戦闘行為になった場合、敵国の軍隊は橋を壊したり、道路を壊したりといったことをやるはずです。そうなったら、自衛隊は現場に駆けつけて壊された橋に代わって急きょ、橋を架けなければいけない。あるいは大急ぎで道路を復旧しなければいけない。その時に活躍するのが陸上自衛隊の施設科部隊です。普段からそういうことができるように訓練しているので、海外任務でも力を発揮できるのです。

「民間の建設会社の力も借りているのかな？」と思う人がいるかもしれませんが、全部自衛隊だけでやっています。地雷が埋まっているかもしれないし、いつ武装勢力が攻撃してくるかもしれないという危険な場所では、民間の建設会社の人は働けません。そこで、自衛隊だけであらゆることをこなせるように、設備も整え、隊員の訓練も行っています。

自衛隊には分野ごとに学校があり、その数は全部で30校以上。入隊後はまずそこで最低限の専門的な知識や技術を覚えなければいけないことになっています。

自衛隊というのは自己完結型の組織なのですね。有事に備え、自分たちだけで全てをやり遂げる。それが自衛隊の持ち味です。とりわけ東日本大震災では、自衛隊のこの特徴が見事に発揮されました。被災地に駆けつけて救助や救援にあたっても、「食べ物がないので誰か分けてください」と言うわけにはいきません。自分たちで食べる分は自分たちで作りながら、それを食べて、あるいは被災者に与えながら救助活動をしなければいけない。

当時、被災地でとても喜ばれたのがお風呂でした。これはもともと、自衛隊が野外で活動するときに、お風呂に入りたいよねということでお風呂を設営していたわけですが、東日本大震災ではその能力を生かして、近くの川から川の水を引き、それを濾過《ろか》して温めて被災者の人たちに入ってもらっていました。

自衛隊に入れば、そうやって何でもできるように鍛《きた》えられるということです。

実は知らない階級のこと

昔は大佐、中佐、少佐などと言っていましたが、今の自衛隊は建前では軍隊ではないので呼び方にも気を使っています。

階級は大きく分けると5つ。これを一般企業にたとえると、一番下の士と曹は現場で働く一般社員で、全体の約8割を占めます。尉が課長で、佐が部長、将が取締役。実はこの5つの中にもランクがあり、全部で16個もの階級があるのです。

そして、部隊の指揮官になれる幹部といわれるのは、尉より上の人たちのことをいいます。

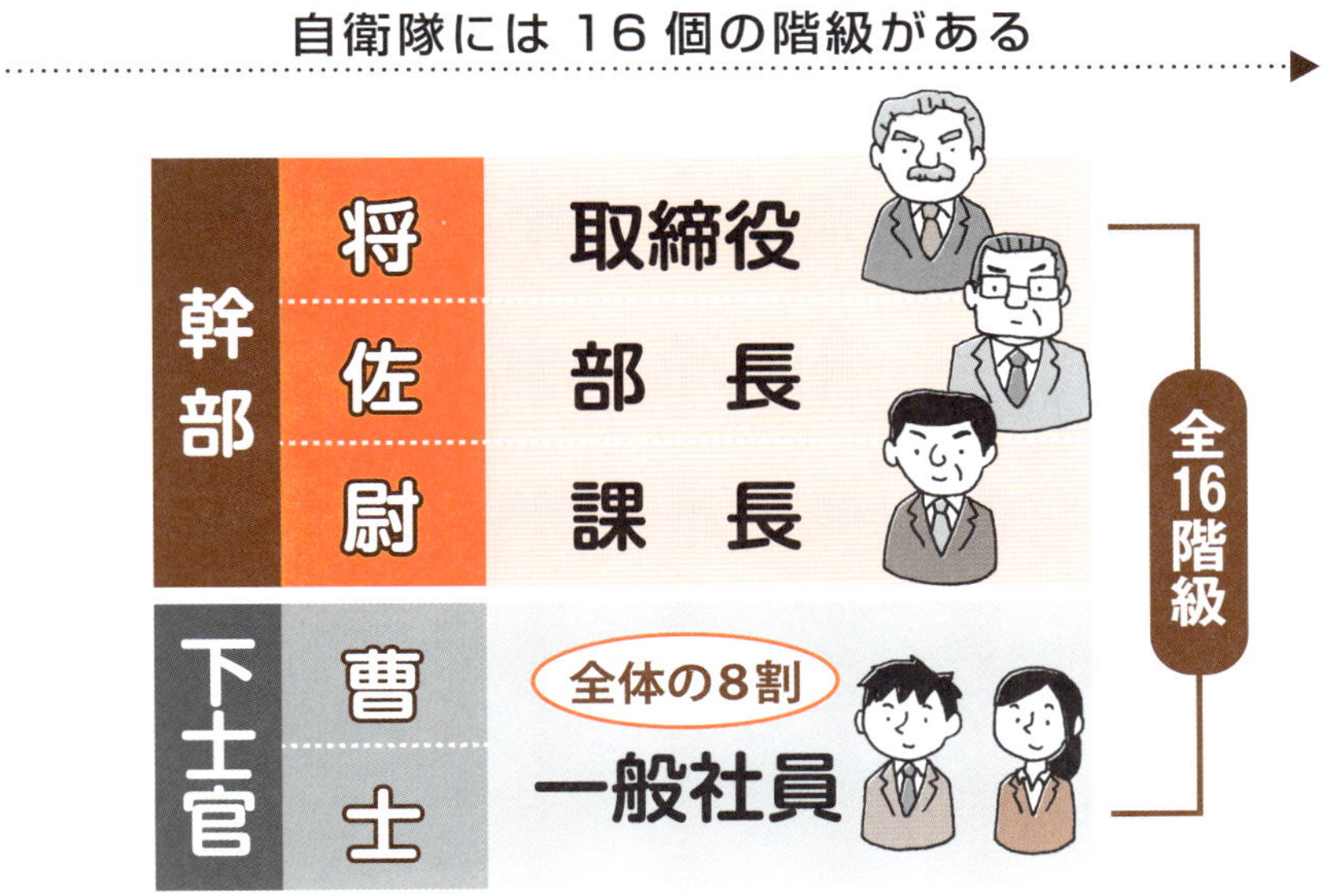

防衛大学校は大学じゃない!

自衛隊への入り方は数パターンあり、それによってどこまで出世できるかがある程度決まってしまいます。

一般的な入り方が一般曹候補生です。募集は年1回で、学歴に関係なく18～26歳まてなら受験できます。

この試験で入隊すると、だいたい准尉まで行けます。優秀な人はその上まで行く可能性もありますが、一般的には准尉までといわれています。

1年中募集しているのが自衛官候補生です(女性は年1回)。契約は2年間で、更新は2回まで。階級はほとんどの人が士のままですが、さまざまな資格を取ることができます。

そして、いきなり幹部から始まるエリートコースが防衛大学校。実は防衛大学校は

現場で働く自衛官になる

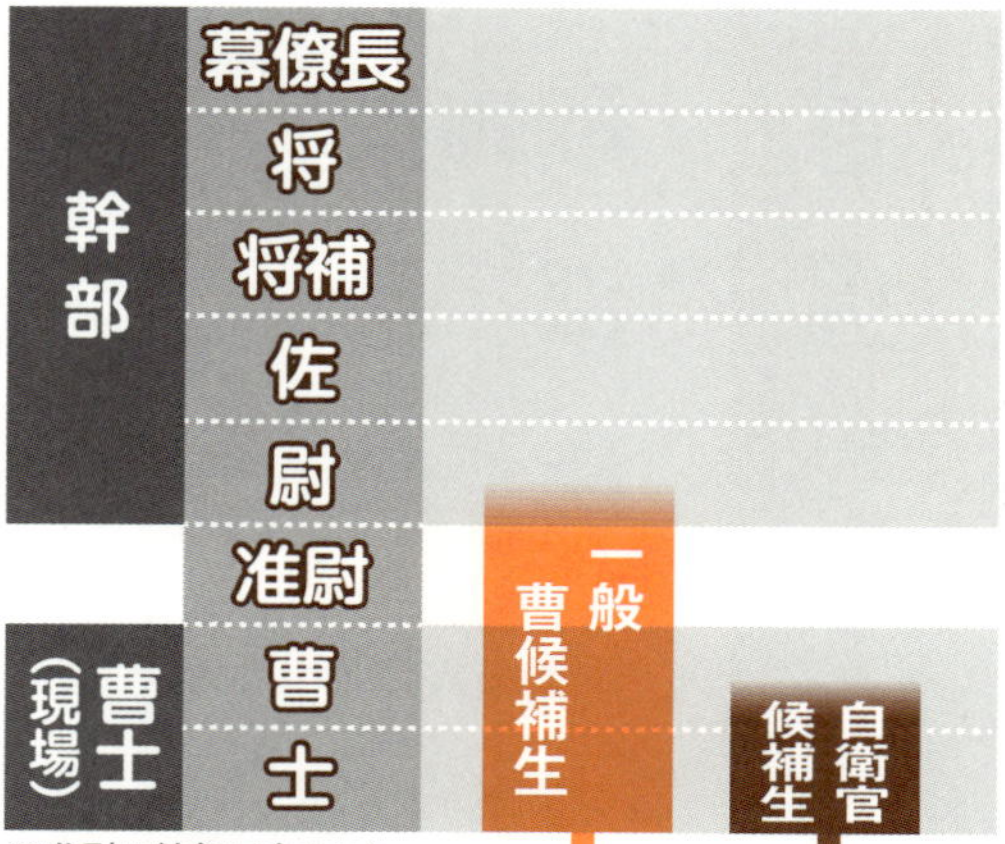

※准尉は幹部に含まれない

募集は年1回

- 18歳以上、27歳未満
- 日本国籍を有する
- 学科試験
- 適性試験
- 面接
- 身体試験

いつでも募集している
（女性は年1回）

- 18歳以上、27歳未満

約2〜3年の任期制

約2年 → 更新 → 約2年 → 更新 → 約2年

※陸自の場合のモデル

取得できる資格

- 大型運転免許
- フォークリフト免許
- 建築士　など

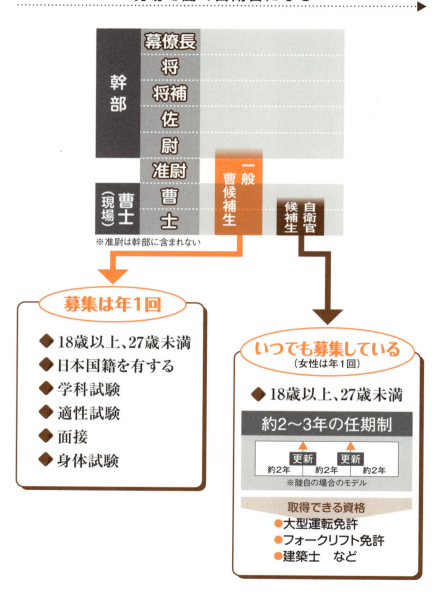

自衛官 階級別給料

将	847万円～1410万円
将補	615万円～1074万円
佐	381万円～ 653万円
尉	292万円～ 534万円
准尉	282万円～ 523万円
曹	236万円～ 509万円
士	199万円～ 290万円

出典：防衛省の職員の給与等に関する法律 平成28年11月30日改正

大学ではないのです。

大学は文部科学省の管轄《かんかつ》ですが、防衛大学校は防衛省の管轄です。たとえば気象大学校というのがあります。これは気象庁の予報官を養成するのが目的です。このように各分野のプロを養成するのが大学校です。

大学とは性格が異なるわけで、防衛大学校の場合、大学入試と同じように試験を受けて合格し入学すれば、その時点で特別職国家公務員になります。公務員ですから毎月約11万円が支給され、学費は無料です。給料をもらいながら勉強して、卒業後は幹部自衛官として自衛隊に入ります。

訓練や任務の手当は少ない!?

最後にお金の話をしましょう。

あまり給料が安いと隊員が集まらなくなるので、実は一般の公務員よりも少しだけ高くなっています。

この給料の他に、いろいろな特別な任務をこなすと特別手当というのが出ます。たとえば夜の雪かき。手当は1回いくらだと思いますか。

雪かきは重労働ですから、5千円とか1万円とかかと思った人もいるでしょうね。正解は300円です。暴風雪警報が発令されている中での作業など、危険度によって450円になることもあるそうです（自衛隊専用道路の除雪のみ）。

不発弾処理はどうでしょうか。これは危険な任務ですが、1回560円です。ただし、危険度などで金額が変わり、最高でも1万400円です。

手当が安くて気の毒だとみるか、安くても仕方がないと考えるか。これは安くても当たり前というところもあるのです。そもそもこういう危険な仕事をするために自衛隊に入ったのですから、そのためにうんと高い手当が出るわけではないということです。

自衛隊に入るときは、みんな服務の宣誓をします。「日本国憲法及び法令を遵《じゅん》守《しゅ》し」「事に臨んでは危険を顧みず、身をもつて責務の完遂に務め、もつて国民の負託にこたえることを誓います」という内容です。

そうやって宣誓して入ったのだから、当然だよねという部分はあるということです。

自衛隊のことはなんとなく知っているようでいて、実際の中を見てみると実に多様だということがおわかりいただけたと思います。

Part 6

そうだったのか!!

北朝鮮の核・ミサイル開発

―核実験に、頻発《ひんぱつ》するミサイル発射。
なぜやめさせられない？―

日本人として知っておきたい北朝鮮の核・ミサイル開発

北朝鮮は2016年に２回の核実験を行い、合計22発の弾道ミサイルを発射。潜水艦から弾道ミサイルを発射する実験にも成功したと言っています。

国際社会がいくら非難しても核開発をやめようとしない北朝鮮。核開発はついに本格化したのか？　そもそも、なぜやめさせられない？　お金がないはずなのに、なぜ核開発ができるの？　北朝鮮の危険な動きについて考えます。

北朝鮮の核・ミサイル開発の理解度チェック

★★★★★

二択です

地下核実験

Q 北朝鮮が地下核実験を行った証拠の一つが地面の揺れ。でも、地面の揺れでなぜ核実験とわかるの？

① 北朝鮮では地震がほとんど起きないから

② 核実験を監視しているところがあるから

①

②

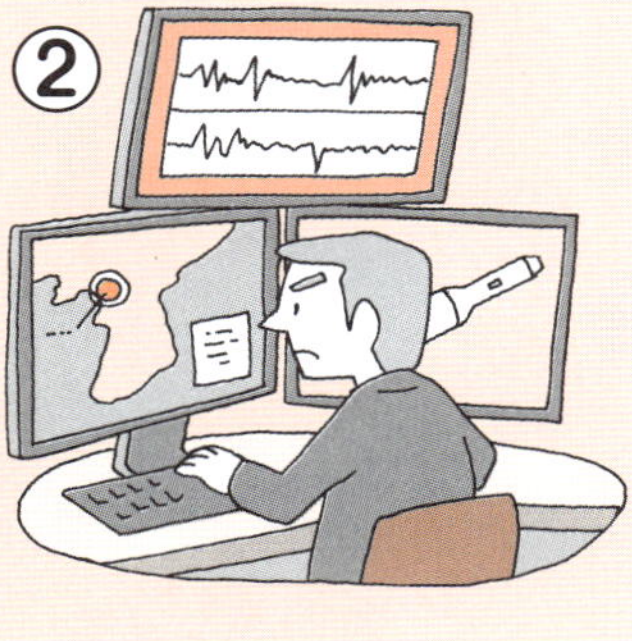

A

② 核実験を監視しているところがあるから

全世界の核実験を監視しているところがあるので、一発でわかってしまいます。

そうだったのか!!

北朝鮮の核・ミサイル開発の理解度チェック

★★☆☆☆

漢字４文字です

核開発へのペナルティー

Q 北朝鮮が貿易の制限など国際社会から受けている罰則のことを何という？

〇〇〇〇

A 経済制裁

国連安保理決議に基づく制裁のほか、日本独自の判断で行っている制裁もあります。

北朝鮮の核・ミサイル開発の理解度チェック

★★★★★

困ったものだ！

カギを握る国

Q 北朝鮮の核開発をやめさせられないのは、ある国がひそかに援助しているから。どこでしょう？

① アメリカ ② ドイツ ③ 中国

A

③ 中国

中国と北朝鮮は朝鮮戦争を一緒に戦った仲。昔ほどではありませんが、今も友達として付き合っているのです。

おさらい

核爆弾の小型化に成功した？ 詳しくは P.201

核開発の目的は？ 詳しくは P.205

中国が北朝鮮に肩入れするのはなぜ？ 詳しくは P.208

チェック項目から、北朝鮮の核・ミサイル開発の現状と狙いがわかる！

国際社会は強く非難

合意を破る国は
必ず重大な
結果に直面する
強く抗議
しなければ
ならない
オバマ大統領
安倍晋三首相

5回目の核実験は過去最大規模

北朝鮮は2016年に4回目、5回目と二度の核実験を行いました。4回目は1月、5回目は9月です。特に5回目の核実験は、小型化した核弾頭の威力を判定するために行い、爆発の規模は過去最大とも報道されました。

「北朝鮮の核実験はすべての人々を危険にさらしている。合意を破る国は必ず重大な結果に直面する」（アメリカ・オバマ大統領、16年9月20日国連総会）

「もし北朝鮮が核実験を行ったのであれば、断じて許容できません。強く抗議しなければならないと思っています」（安倍晋三総理、同9月9日）

「権力維持のために国際社会と周辺国のいかなる話もきかないといった金正恩《キムジョンウン》の精神状態は統制不可能とみるべきだろう」（朴槿恵《パククネ》大統領、同9月9日）

このように国際社会は北朝鮮を強く非難していますが、北朝鮮の行動はエスカレートする一方です。

これまでも、北朝鮮が核実験を行うたびに毎回強く非難してきました。4回目の核実験では、この20年間で最も強力な経済制裁を科しています。それでも北朝鮮は核開発をやめようとしません。そればかりか、16年には合計20発以上もの弾道ミサイルを発射しました。

北海道奥尻島の西に3発、ほぼ同時に着弾

過去にミサイルを発射したときは、途中で爆発して失敗に終わったことも随分ありました。ところが、ここへ来て急激に精度が上がっているといわれています。16年9月には3発をほぼ同時に発射して、それが奥尻島《おくしりとう》の西側200〜250キロの海域の、ほぼ同じ場所にほぼ同時に落ちています。かつては「北朝鮮のミサイルは、発射してもどこに落ちるかわからないから、かえって心配だ」なんて言う人もいたほどですが、もうそういうレベルではなくなりました。非常に精度が上がっています。

精度が上がってきている、北朝鮮のミサイル

世界中の観測所が核実験を監視

ところで、北朝鮮が核開発を行ったことは、どうやって確認したのでしょうか。北朝鮮は核実験を行ったと公式に発表しましたが、たとえ秘密にやったとしても、必ずわかるようになっています。

なぜわかるかというと、地震が発生するからです。世界中のさまざまな地震研究所などがネットワークを作っていて、どこかで地下核実験があれば、すぐ探知できるようになっています。同じ地震でも、自然に起きた地震と核実験で起きた地震では揺れ方に違いがあるため、その違いを分析すれば、地下核実験が行われたかどうか即座に判別できるのです。

次ページの図を見てください。気象庁の地震計が上下の揺れ、前後の揺れ、左右の揺れと3つの揺れを記録したものを示しました。これを見ると、地震の波形が違っていますね。

上の図の自然に起きた地震では、P波（第1波）が来てからS波（第2波）、まず小さな縦揺れがあって、その後、大きく横に揺れています。それに対して下の図の核実験の場合は、揺れが突然始まっています。大きな揺れがいきなり始まっている。これは明らかに人工的な地震だ、つまり核実験が行われたのだとみることができます。

核実験と地震では波形が違う

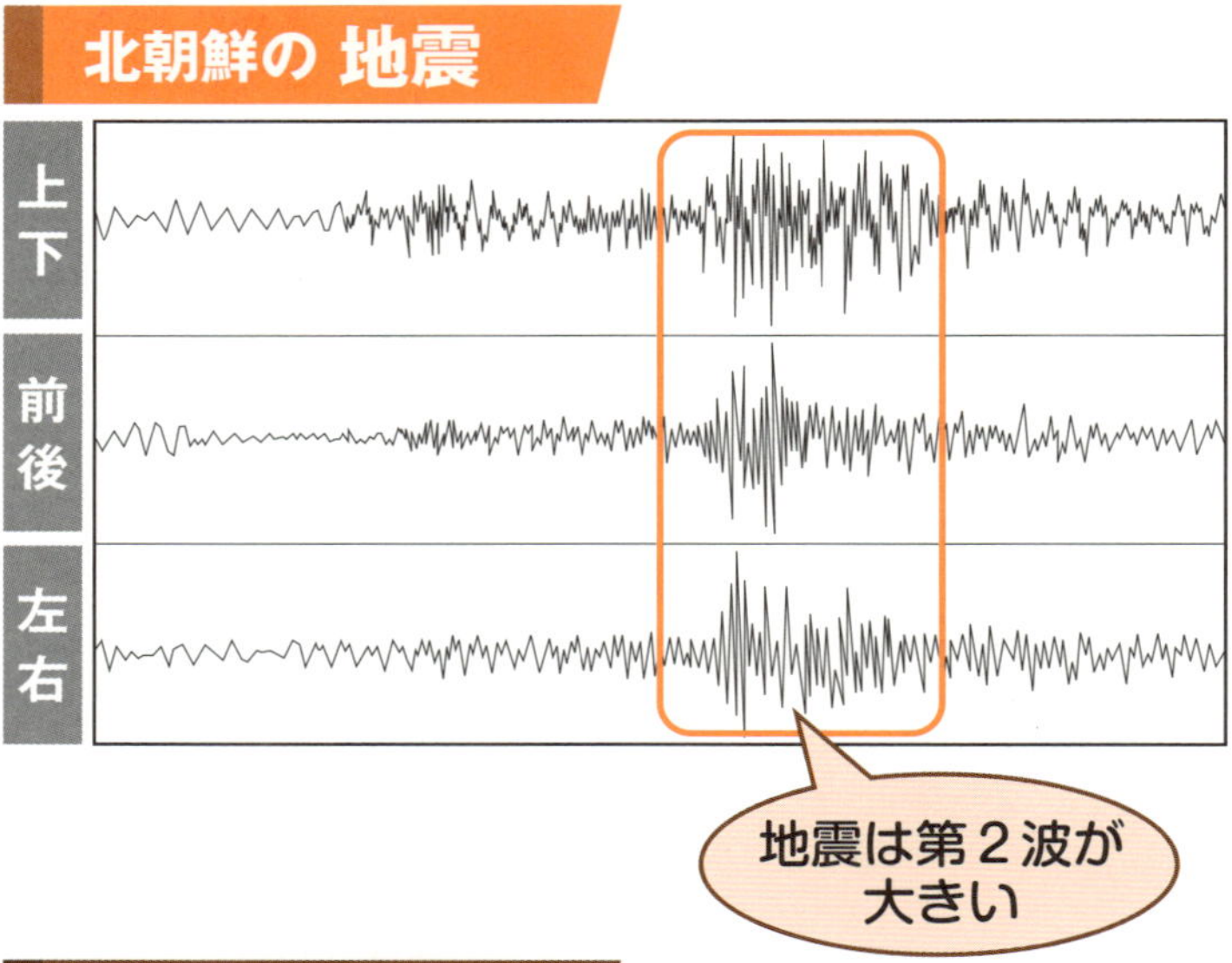
北朝鮮の 地震
上下
前後
左右
地震は第２波が大きい

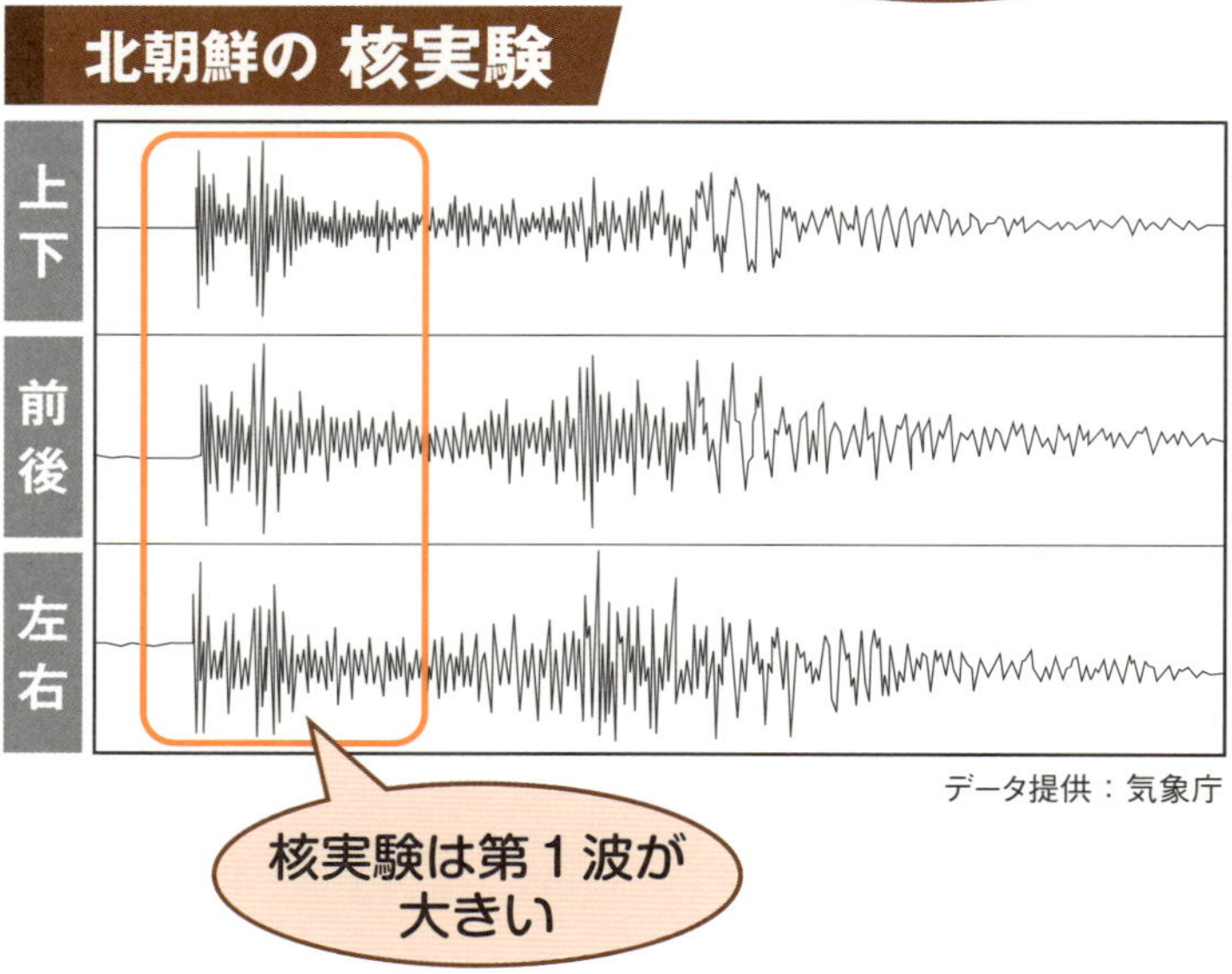
北朝鮮の 核実験
上下
前後
左右
核実験は第１波が大きい

データ提供：気象庁

急激に核開発が進んだ？

小型化した核弾頭の模型を前にした、2016年3月の金正恩氏
（朝鮮中央通信＝共同）

核爆弾の小型化に成功した!?

では、北朝鮮の核開発はどこまで進んでいるのか？

今回、核爆弾の小型化にかなり成功したといわれています。上の写真を見てください。金正恩朝鮮労働党委員長が核爆弾の模型を見ています。ある種の宣伝のためにこうやって撮影していますから、本当にここまで小型化したのかどうかわかりません。でも、ある程度は小型化したようです。その一方で爆発力は過去最大になった。ということは、性能が向上しているんだろうというわけです。

奥尻島の近くに落ちた弾道ミサイルは、先端部分に何も積んでいない普通のミサイルです。もし核爆弾を積んでいたら核攻撃ですから、さすがにそれをやったら大変ですね。

初期の頃の核実験は、核爆弾ではなくて核爆発装置のような、とても動かすことができないようなレベルではないかといわれていたのですが、急激に小型化してきました。ただ、小型化にある程度までは成功しているけれども、ミサイルの先端に載せるほど小さくなったかどうかはまだ確認が取れていません。

北朝鮮は今回、ミサイルの先端に載せることができるほど小型化したと発表しました。それが本当なのか、それとも誇大《こだい》宣伝なのかは、まだよくわかっていないというのが今の状況です。

急激に核開発が進んだのはなぜ？

ここまで急激に核開発が進んだのは、これまでの蓄積に加えて、核開発の技術者をずっと養成してきて、技術力が高まったからです。

初期の頃はパキスタンや旧ソ連の科学者をこっそり呼んで、高い給料を払って指導を受けていたといわれています。でも、今は自前で技術者を育てられるようになった、つまりそれだけ技術水準が向上したのです。

アメリカ本土も狙えるようになった!?

16年8月25日、北朝鮮の労働新聞が気になる記事を載せました。5回目の核実験の前に行われたある実験を受けて、金正恩委員長が「成功中の成功、勝利中の勝利を収めた」と語ったというのです。

「勝利中の勝利」の理由

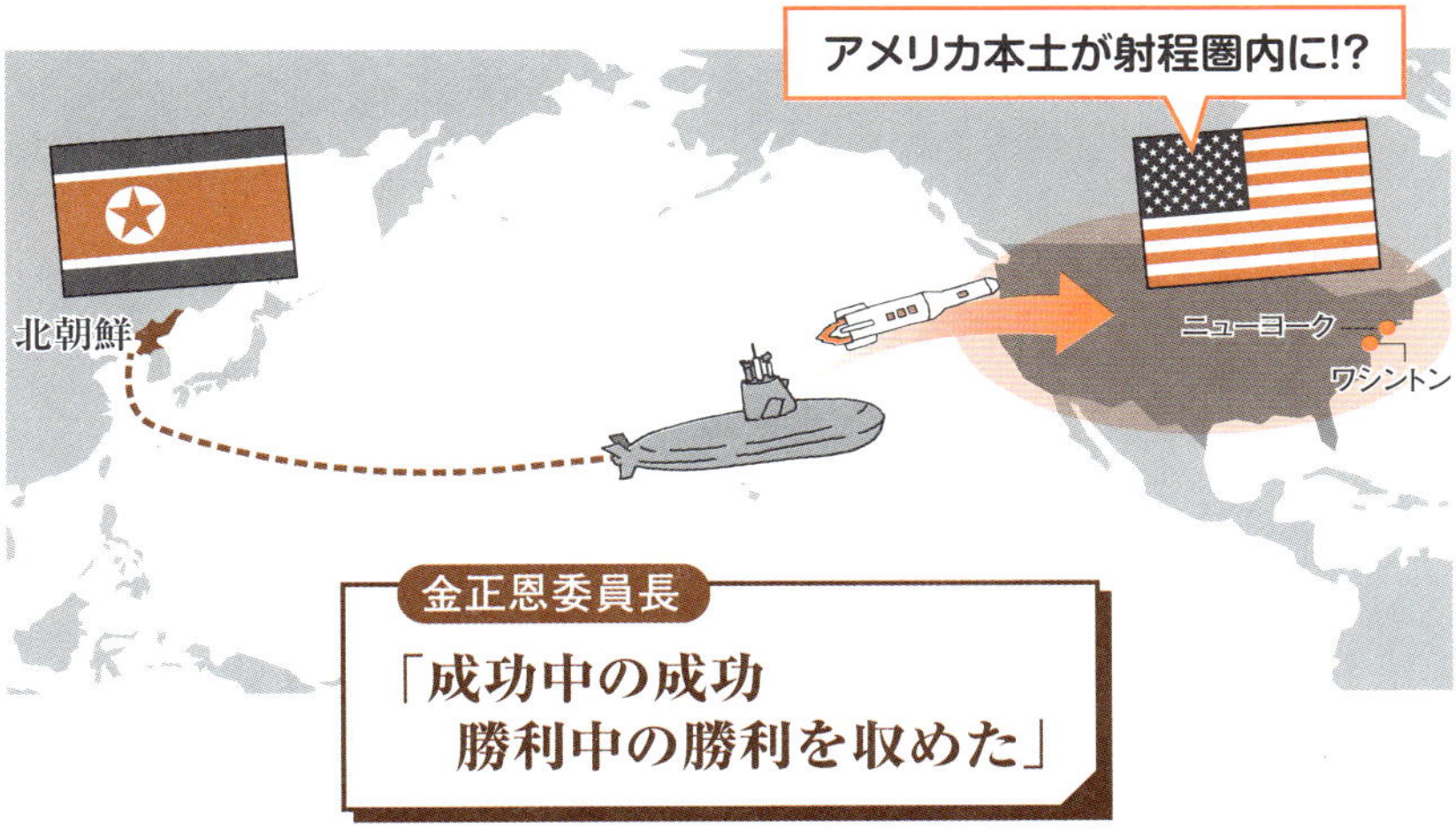
アメリカ本土が射程圏内に!?
北朝鮮
ニューヨーク
ワシントン
金正恩委員長
「成功中の成功
勝利中の勝利を収めた」
2016年8月25日 労働新聞

一体なぜ金正恩委員長は「勝利中の勝利を収めた」と語ったのか？　その理由は、潜水艦から発射される弾道ミサイルの実験に成功したためです。

北朝鮮が発射するミサイルに関しては、アメリカがこれを迎撃するミサイルを、今度、韓国に設置する予定です。また日本海には、イージス艦という、発射されたミサイルを直ちに撃ち落とすためのミサイルを積んだ船を配備しています。これによって、北朝鮮はアメリカ本土を攻撃することはできないとされてきました。

ところが、海に潜っている潜水艦からミサイルを発射して、その先端に核弾頭を積んでおけば、いろいろなところを核攻撃できるわけです。潜水艦ですから、海中を移動してどこへでも行くことができます。北朝鮮の港からそっと出てきた潜水艦が、太平洋を横切ってアメリカ本土に近づいてからミサイルを発射したらどうですか。

アメリカ本土が全部射程に入ってきます。地上からのミサイル発射、潜水艦からのミサイル発射、そして核実験、この3つがそろって、アメリカ本土のどこでも攻撃できる力を持ったんだぞということを北朝鮮はアピールしている。だから金正恩委員長は「勝利中の勝利を収めた」と言ったのですね。

北朝鮮の核開発は新しい段階を迎えたといわれていますが、そこにはこういう意味があるのです。

こうした北朝鮮の動きに対しては、当然、アメリカの潜水艦、あるいは日本の海上自衛隊の潜水艦が、日本海や東シナ海で北朝鮮の潜水艦が出てくるのを見つけ、それをずっと尾行するということが、これからますます起きてくるでしょう。

経済協力事業を利用して資金集め

北朝鮮について多くの人が感じているのは、そもそもお金がないはずなのに、なぜ核開発できるのか、という疑問です。

北朝鮮は過去に、随分いろいろなところから経済援助を受けていた時代があります。中でも大掛かりだったのが開城《ケソン》工業団地への支援です。

北朝鮮側の開城という町に韓国の企業が進出して、北朝鮮の労働者を雇っていろいろなものを生産してきました。これは南北の経済協力の象徴的な事業として行われ、北朝鮮からは約5万人が参加。多いときには年間100億円近い外貨収

南北の経済協力の象徴、開城工業団地

入をもたらしました。

この時、北朝鮮の労働者の賃金は韓国の企業が払っていたわけですが、このかなりの部分が北朝鮮政府にピンハネされてしまい、それが核開発の費用に使われたといわれています。

今、韓国は北朝鮮に対する経済制裁の一環で開城の工場を閉鎖しました。全部引き揚げてしまいました。

経済がどん底なのになぜ核開発をやめないの？

国連安全保障理事会が決めた経済制裁により、北朝鮮が外国に持っている資産は凍結され、輸出入もほとんど休止させられました。電力不足・食料不足は深刻になり、亡命者が後を絶たないなど、国は危機的状況にあるとする見方が一般的です。

それなのに、北朝鮮はなぜ核開発にこだ

北朝鮮が核開発をやめない理由

北朝鮮は アメリカに安全を 保証してもらうため 核開発をやめない!?

わるのか？　これも多くの人が抱いている疑問だと思います。

その理由を一言で言えば、こうなります。

「北朝鮮はアメリカに安全を保証してもらうため、核開発をやめない」

そもそも朝鮮戦争（1950〜53）でアメリカが韓国の味方をして、北朝鮮軍はさんざんな目に遭いました。それ以来、北朝鮮にとってはアメリカがトラウマになっています。

もしアメリカが本気になって攻めてきたら北朝鮮はひとたまりもない。そのことをわかっているので、なんとかそれを防ぎたい。アメリカに「北朝鮮は絶対、攻撃しない」と約束させて、「北朝鮮の今の金体制を維持してもいい」と認めさせたい。あるいは、北朝鮮を核兵器保有国として大事に扱ってもらいたい。そういう思いがあります。

さらに言えば、かつてイラクのフセイン大統領は核兵器を持っていなかったからアメリカの攻撃を受けてしまったのではないか。イラク戦争の教訓を北朝鮮はそういうふうにとらえて、だからこそ核兵器は絶対手放さないというのが北朝鮮の考え方です。

中国が抜け道になっている！

核兵器削減という世界の流れに刃向かう北朝鮮に、国際社会は危機感を強めています。それにしても、国連安保理決議に基づき、国際社会は強い経済制裁を行っているのに、なぜ核開発をやめさせることができないのか？

カギとなるのは中国です。中国は人道支援を理由に北朝鮮を支援し続けています。国連が北朝鮮を懲《こ》らしめようとやっているのに、中国が抜け道となって制裁の効果が上がっていません。

強い経済制裁をやると、北朝鮮の経済がガタガタになって国が崩壊してしまうかもしれない。中国としては、それだけは避けたい。そこで「人々の暮らしは維持できるようにしましょう」と言って、原油を輸出したり、北朝鮮から石炭を買ったりしています。特に石炭を買えば、北朝鮮には現金が入ってきます。

そういうものが、結果的に北朝鮮の体制維持のために使われているのではないか、ということです。

中国の２つの思惑

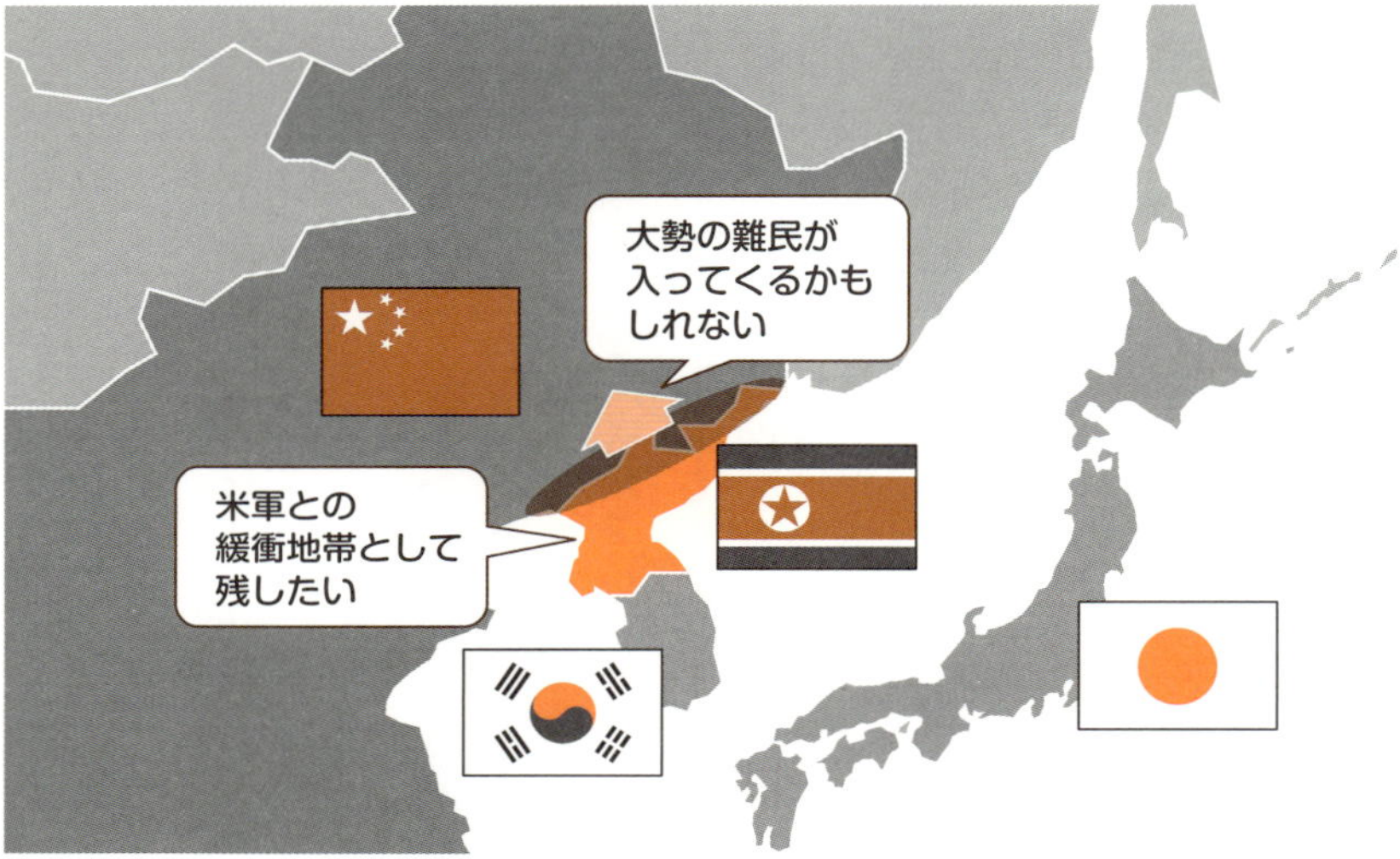

中国はなぜ北朝鮮の味方をするのか？

中国が北朝鮮の味方をする理由は大きく2つ。まず北朝鮮との国境の中国側には、朝鮮族の人たちが大勢住んでいます。もし北朝鮮が崩壊したら、この朝鮮系中国人たちを頼って難民がドッと押し寄せてくるのではないか。シリア難民がヨーロッパに来て大混乱になったのと同じようなことが起きるのではないかと中国は恐れています。

さらに、もし朝鮮半島が1つの国として統一された場合、中国は韓国と国境を接することになります。しかし、その韓国にはアメリカ軍が駐留しています。アメリカ軍が駐留している国と国境を接するというのは、中国にとっては悪夢です。そんなことにならないように、朝鮮半島の北半分は緩《かん》衝《しょう》地帯として残しておきたい。そのためには北朝鮮に崩壊してもらっては困る。これが中国の本音なのです。

今後、日本、アメリカ、韓国が一緒になって経済制裁を強化することになるでしょう。問題は中国です。中国が本気になって原油を売らない、石炭を買わないという行動に出れば、北朝鮮経済はガタガタになります。中国がそれをよしとするかどうか。経済制裁が効果を発揮するかどうかは、中国にかかっています。

考えてみると、16年はオバマ大統領が広島に来て、世界から核兵器をなくすためにみんなで取り組もうという機運が盛り上がりました。その矢先にこんなことが起きると、一挙にそれがしぼんでしまうかもしれない。それがとても残念です。

池上彰（いけがみ　あきら）

1950年、長野県松本市生まれ。慶應義塾大学経済学部を卒業後、NHK に記者として入局。

さまざまな事件、災害、教育問題、消費者問題などを担当する。1994年４月から11年間にわたり「週刊こどもニュース」のお父さん役として活躍。わかりやすく丁寧な解説に子どもだけでなく大人まで幅広い人気を得る。2005年３月、NHK の退職を機にフリーランスのジャーナリストとしてテレビ、新聞、雑誌、書籍など幅広いメディアで活動。2012年２月から2016年３月まで、東京工業大学リベラルアーツセンター教授。現在は、名城大学教授、東京工業大学特命教授。

おもな著書に『伝える力』シリーズ（PHP新書）、『そうだったのか！現代史』他、「そうだったのか！」シリーズ（集英社）、『知らないと恥をかく世界の大問題』シリーズ（角川SSC新書）、『池上彰教授の東工大講義』シリーズ（文藝春秋）、『池上彰のニュース そうだったのか !!』１～３巻（SBクリエイティブ）など、ベストセラー多数。

番組紹介

池上彰のニュース そうだったのか!!

最近大きな話題となっているニュースの数々、そして今さら「知らない」とは恥ずかしくて言えないニュースの数々を池上彰が基礎から分かりやすく解説します！ニュースに詳しい方も、普段はニュースなんて見ない、という方も「そうだったのか！」という発見が生まれます。土曜の夜はニュースについて、家族そろって学んでみませんか？

- テレビ朝日系全国ネット
  毎週土曜よる放送中
- 〈ニュース解説〉池上彰
- 〈進行〉宇賀なつみ（テレビ朝日アナウンサー）

ブックデザイン・・・・・・・・・・三村　漢（niwa no niwa）
目次・導入頁イラスト・・・・・・加納徳博
図表イラスト・・・・・・・・・・堀江篤史
図表作成・・・・・・・・・・・・山咲サトル
帯写真・・・・・・・・・・・・・寺岡みゆき
写真・記事・資料提供・・・・・・共同通信
産経新聞
朝日新聞
毎日新聞
読売新聞
編集協力・・・・・・・・・・・・伊藤静雄

■本書は、「池上彰のニュース そうだったのか!!」(2016年1月30日、2月13日、3月5日、5月14日、9月24日放送)の一部を構成し、編集・加筆したものです。

教養として知っておきたい池上彰の現代史
池上彰のニュース そうだったのか!! ④

2017年2月22日 初版第1刷発行

著 者:池上彰《いけがみあきら》+「池上彰《いけがみあきら》のニュース そうだったのか!!」スタッフ
発行者:小川 淳
発行所:SBクリエイティブ株式会社
〒106-0032 東京都港区六本木2-4-5
電話:03-5549-1201(営業部)
DTP:株式会社キャップス
印刷・製本:株式会社シナノパブリッシングプレス

ISBN978-4-7973-9076-6

いまさら聞けない、日本に関する
素朴な疑問がまるわかり！

『池上彰のニュース
そうだったのか!!　1』

池上彰＋「池上彰のニュース　そうだったのか!!」スタッフ

定価：本体価格1,000円＋税　ISBN978-4-7973-8530-4